AF359075

QUINZE JOURS A ROME,

EN 1853.

EXCURSION

SUR LE RHIN ET EN BELGIQUE

(SEPTEMBRE 1860),

Par M. l'abbé A. LEROY,

Aumônier de la Marine impériale, Membre de la Société Académique de Cherbourg.

Rome est le grand nom de l'histoire. Ce n'est pas seulement la ville des conquêtes et de la domination universelle : c'est la patrie des grands hommes, le foyer du génie, le centre des beaux arts, la réunion de toutes les gloires. C'est la ville des temps anciens et des temps modernes, la reine des cités. Son sol est sacré : c'est la ville sainte, la ville éternelle.

Il me serait difficile de dire l'émotion profonde qui pénétra mon âme, lorsque, arrivant par la route de Florence et traversant les belles plaines de l'*Agro romano*, j'aperçus enfin, du sommet d'une éminence et par un brillant soleil de juin, une vaste agglomération d'édifices et de nombreuses coupoles, que dominait comme un géant une coupole plus majestueuse que toutes les autres : c'était Rome et Saint-Pierre.

L'émotion ne fait que s'accroître à mesure que l'on approche de la grande cité. Il semble qu'on va voir apparaître les fiers enfants de Romulus, de Brutus et des Césars, debout à côté des Pontifes et des martyrs de la foi.

Dès qu'on a franchi la porte et pénétré dans l'intérieur de la ville, on entrevoit facilement et l'observation démontre que Rome est une ville à part, unique en son genre. Elle est, de toutes les cités du monde, la plus riche en monuments de tous les âges; mais elle cède à d'autres le premier rang pour l'élégance et l'animation, l'industrie et le commerce. Majestueuse comme une reine sur son trône, mais triste aussi comme uné mère encore en deuil d'un fils qui faisait son orgueil et la couvrait de gloire, elle est belle et noble toujours; mais elle n'a plus les grâces de la jeunesse et le sourire de la gaieté.

Non seulement le vaste quartier des ruines est pénible à voir, mais la nouvelle ville laisse souvent elle-même à désirer pour l'agrément, la propreté et la perspective. Ainsi il n'est pas rare de rencontrer des monuments, même ceux du premier ordre, comme St Pierre, le Vatican, le Capitole, masqués en partie, ou même flanqués de constructions mesquines qui les défigurent. Malheureusement les ressources financières de l'état pontifical suffisent à peine à l'entretien de tous ces monuments et ne permettent pas de grandes mesures d'embellissement général.

Rome est entourée de hautes murailles. Son enceinte, immense pour une population de 160,000 âmes, renferme encore les sept fameuses collines de l'ancienne Rome. Mais deux seulement (le mont Quirinal et le mont Capitolin), sont habitées aujourd'hui. Les cinq autres sont jonchées de ruines. La ville est assise sur les bords du Tibre, qui la coupe en deux parties inégales, et qui roule des eaux jaunâtres, peu limpides et profondément encaissées, dans un lit sinueux, dont les rives sont négligées et dépourvues de quais.

Le plus remarquable des quatre ponts qui établissent la communication entre les deux rives fut construit par l'empereur Adrien au milieu du IIe siècle. Il est orné de dix belles statues de marbre. Le piédestal de l'une de ces statues porte l'empreinte d'un boulet. C'est, dit-on, le seul objet d'art que les batteries françaises aient atteint en 1849.

Le corps d'armée d'Oudinot trop faible pour investir la place, concentra ses efforts sur le *Transtevere*, rive droite du Tibre. La villa *Pamfili Doria*, principal théâtre de nos combats avec la troupe de Garibaldi, vit succomber beaucoup de soldats français. Le prince Doria y a érigé, en l'honneur de ces braves, un fort beau monument funèbre en marbre blanc, sur lequel on lit leurs noms gravés en lettres d'or.

Les rues de Rome, remarquables par la beauté de leur pavé, mais surtout par le nombre et la magnificence des hôtels, des palais que l'on y rencontre à chaque pas, sont trop étroites. La plus grande de toutes et la plus animée, le *Corso*, qui présente en ligne droite au moins deux kilomètres de longueur, et qui est si renommé pour ses courses de chevaux et pour la splendeur de ses édifices, n'est pas exempt de ce défaut des rues anciennement bâties et ressemble à nos rues de moyenne largeur.

On n'y compte pas moins de cent quarante places, dont la plupart sont également peu spacieuses. Mais un grand nombre sont distinguées par les palais qui les entourent et par des fontaines délicieuses; beaucoup par une haute colonne de marbre, ou par un obélisque égyptien, enrichi d'hiéroglyphes. Ces obélisques sont répandus avec profusion dans tous les quartiers, au centre des places, au-dessus d'élégantes fontaines et jusque sur le dos d'un éléphant.

On doit citer parmi les places les plus remarquables: 1° la place St-Pierre; 2° la place du Peuple, d'où l'œil plonge à la fois dans les trois plus belles rues de la ville, et qui est dominée par le mont *Pincio* dont Napoléon Ier fit le jardin public et la plus agréable promenade de Rome; 3° la place

Colonne , qui tire son nom de la colonne en marbre d'Antonin, haute de 50 mètres, dont elle est ornée ; 4° la place du *Monte-Cavallo,* où l'on admire un chef-d'œuvre du ciseau grec, les deux chevaux connus sous le nom de chevaux de Phidias et de Praxitèle; 5° enfin la place Navone, la plus vaste de toutes, décorée de trois fontaines du meilleur goût, dont les abondantes eaux transforment la place en un beau lac aux époques des fêtes populaires.

Malgré l'agréable et riche aspect de ces places modernes, l'étranger donne souvent la préférence aux places, aux édifices et même aux ruines de l'antique Rome.

Voyez le Forum de Trajan. Ce n'est plus une place ; vous n'apercevez que des chapiteaux couchés à terre, des rangs entiers de colonnes brisées. Mais ce sont les illustres débris de cette magnifique basilique, de cette académie célèbre où l'empereur Trajan aimait à réunir les savants. Il ne reste plus debout que la merveilleuse colonne en marbre blanc, qui porte son nom, et dont les bas-reliefs représentent jusqu'à 2,500 personnages et une infinité de machines de guerre, de trophées, etc. C'est le monument le plus parfait que nous ait légué le génie de Rome.

Un peu plus loin, on monte au Capitole. Ici, que de souvenirs! Mais hélas! il n'y a plus que des souvenirs. Vous cherchez en vain cette citadelle d'où Manlius repoussait l'audacieux Gaulois, ce sénat où Cynéas voyait siéger une assemblée de rois, ce temple où Scipion et César venaient déposer sur l'autel de Jupiter les lauriers de la victoire : le temps n'a pas laissé subsister même une ruine de ces monuments des anciens âges.

Mais les statues et les bustes des dieux et des grands hommes de Rome antique se sont donné rendez-vous dans les vastes galeries du moderne Capitole. Le musée du *Campidoglio* est l'un des plus riches du monde; il est le

premier pour les antiquités romaines. Parmi les chefs-d'œuvre entassés dans les nombreuses salles de ce musée, les
connaisseurs admirent particulièrement un enfant qui joue
avec le masque de Silène, et qui passe pour le plus beau
morceau de sculpture en ce genre fourni par l'antiquité;
la Vénus du Capitole; la statue du Gladiateur mourant.

La place du Capitole possède aussi une remarquable
statue équestre en bronze doré de Marc-Aurèle, la seule de
cette espèce que Rome ait conservée jusqu'à nos jours.

A quelques pas de là, on montre la Roche Tarpéienne.
Elle répond mal à sa célébrité. C'est un petit quartier de roche qui, sans doute par suite de l'exhaussement du
sol qui l'entoure, n'a pas aujourd'hui plus de quinze mètres
d'élévation.

Mais voici le *Forum !* C'est donc ici que Cicéron fou-
droyait les ennemis de la patrie! C'est d'ici que le peuple-
roi, le plus puissant des peuples qui ont foulé cette terre,
brisait le sceptre des plus fiers monarques et donnait des lois
au monde !

Le *Forum* est un rectangle moitié plus long que large.
On le trouve d'abord peu spacieux; il semble que le grand
peuple, convoqué pour y traiter les affaires de l'univers
entier, devait y être à l'étroit. Mais il était rehaussé,
agrandi par des temples et de beaux portiques qui l'entou-
raient presque entièrement et dont on ne voit plus que des
débris.

Tous ces monuments sont tombés sous les coups des bar-
bares du Ve siècle et surtout, dans le XIe siècle, sous la
torche incendiaire des Normands de Robert-Guiscard, fils
de Tancrède.

Mais quelle est cette ruine grandiose que la *Voie sacrée*
met en communication avec le Forum et le Capitole? C'est
l'amphithéâtre de Flavius Vespasien, le Colysée, *Colosseo.* Ce

monument, de forme ovale, avait trois étages, 50 mètres de hauteur, 550 de circonférence, et retentissait autrefois des acclamations de 100,000 spectateurs. C'était l'un des chefs-d'œuvre de l'architecture romaine. Aujourd'hui ce n'est plus qu'un immense squelette. On est saisi d'un profond senti-ment de tristesse, quand on foule cette arène, où le sang des gladiateurs et des martyrs coulait par flots, pour charmer les loisirs du peuple-roi, qui se contentait volontiers de pain, pourvu qu'il jouît des plaisirs du cirque, *Panem et circenses.* Quelles mœurs! Les dames romaines voulaient applaudir quand la dent du lion et la griffe du tigre déchiraient les chairs des hommes, quelquefois même des femmes ou des jeunes filles, qui leur étaient jetées en pâture. Les places d'honneur étaient réservées aux magistrats, aux prêtres des dieux, aux vestales, et le généreux Titus qui s'affligeait, un jour qu'il n'avait pas eu l'occasion de faire du bien, fit couler le sang de 2,000 gladiateurs dans les cent jours de fêtes qui inaugurèrent l'amphithéâtre.

Une croix de bois s'élève aujourd'hui au milieu du Coly-sée, en signe d'expiation et comme le symbole du triomphe de nos principes d'humanité et de charité sur ceux de la force brutale et de la barbarie des anciens peuples.

Au-delà du Colysée s'étend la vaste région des ruines. Le mont *Celio* présente plusieurs tronçons d'arceaux de l'ancienne poissonnerie romaine et les restes du *Vivarium*, où l'on renfermait les bêtes destinées aux jeux du cirque, et sous lequel des grottes, que l'on voit encore, étaient ré-servées aux condamnés.

Le mont Palatin, qui fut habité par Romulus, Auguste, Néron dont l'immense palais était orné de 300 colonnes et s'appelait Maison d'or, offre encore de belles ruines des palais impériaux.

Mais les ruines qui produisent, après le Colysée, l'effet le plus imposant, sont les Thermes de Dioclétien et de Caracalla. Les Thermes de Dioclétien avaient une circonférence de 1400 mètres et pouvaient, dit Olympiodore, contenir à la fois jusqu'à 3,200 baigneurs. Ceux de Caracalla, inférieurs en étendue, étaient supérieurs en magnificence. On en a extrait à diverses époques des richesses artistiques en grand nombre et du plus haut mérite. On sait du reste que les thermes n'étaient pas exclusivement consacrés aux bains. C'étaient des lieux de réunion générale et de réjouissances de diverses sortes, des palais somptueux, enrichis de tout le luxe de la mosaïque, de la peinture, de la sculpture, et dans lesquels la toute puissance des empereurs et le génie des artistes s'appliquaient à concentrer tout ce qui pouvait servir au plaisir des yeux, aux exercices du corps et aux délassements de l'esprit.

A part ces ruines, dont plusieurs parties sont encore dans un état surprenant de conservation, et quelques débris remarquables d'anciens monuments que l'on trouve semés çà et là et abandonnés aux ravages du temps, on parcourt avec tristesse ces campagnes désolées, cette solitude sans fin, dans l'enceinte même d'une grande cité et sur un sol autrefois foulé par plus d'un million d'hommes. L'esprit et les yeux finissent par se fatiguer de ne rencontrer presque partout que des débris informes et sans nom.

Rentrons donc dans la ville moderne, pour y visiter le reste des monuments antiques qu'elle renferme. L'un des plus anciens, la Prison Mamertine, remonte au quatrième roi de Rome. Cette prison, construite en pierres volcaniques et sans ciment, est fort peu importante en elle-même, mais elle est célèbre par la mort de Jugurtha, le supplice des complices de Catilina, et surtout par l'emprisonnement de St-Pierre. Les fidèles de Rome ont ce lieu en grande vénération, et l'étranger ne manque pas d'y descendre pour visiter

la colonne où l'apôtre fut attaché et la source qu'il fit
miraculeusement jaillir pour baptiser ses geôliers convertis.

Parmi les arcs-de-triomphe élevés en l'honneur des
empereurs, il en est trois qui méritent de fixer l'attention.
Ce sont : l'arc de Titus, remarquable par la belle exécution
de ses bas-reliefs ; celui de Septime-Sévère, où se manifeste
déjà la décadence de l'art ; enfin l'arc-de-triomphe de Constantin, supérieur à tous les autres par la grandeur de ses
dimensions, la beauté de ses formes et son excellent état
de conservation.

Les temples anciens sont presque tous en ruines. Ils
étaient généralement peu spacieux et n'admettaient guère
dans leur enceinte que les sacrificateurs et les principaux
personnages de l'État. Les débris des 12 ou 15 temples
païens que l'on voit encore prouvent que plusieurs étaient
d'une grande beauté. Aujourd'hui, ce qui attire surtout les
regards, ce sont les vingt colonnes de marbre de Paros et
d'ordre corinthien, qui forment l'élégant portique circulaire
du temple de Vesta.

Un seul temple de l'antique Rome est à peu près intact ;
c'est le Panthéon, autrefois dédié à tous les Dieux, aujour-
d'hui consacré au culte de tous les saints. C'est sans doute
le plus ancien des temples du monde bien conservés jusqu'à
nos jours. Il a près de 19 siècles d'existence ; il fut bâti par
Agrippa, 26 ans avant l'ère chrétienne. Le riche fronton et
les belles colonnes de son péristyle sont admirables de pureté et d'harmonie. La rotonde, quoique dépouillée de ses
marbres et de ses bronzes, captive l'attention par sa majesté
sévère. Ses murailles ont 6 mètres d'épaisseur ; sa hauteur
sous voûte, égale à son diamètre intérieur, est de 44 mètres.
Le sommet de cette voûte a une large ouverture circulaire,
la seule qui laisse pénétrer la lumière. Elle donne également
libre passage à l'air et à la pluie qui se perd sous les dalles

du temple. C'est au Panthéon que Raphaël voulut avoir son tombeau, sur lequel un cardinal fit graver cette épitaphe :

Ille hic est Raphaël, timuit quo sospite vinci
Rerum magna parens, et moriente mori.

Rome a perdu la trace de presque tous ses grands hommes, même de ceux qui moururent dans son sein. Aucun monument funèbre ne rappelle ses anciens rois. La république et l'empire ne sont représentés que par trois grands noms historiques; par deux femmes, dont l'une Cécilia Métella, épouse de Crassus, a un très beau mausolée de forme circulaire; enfin par quelques romains plus riches d'or que de gloire, tels que Caïus Cestius, dont l'énorme pyramide sépulcrale, de forme quadrangulaire, toute entière revêtue de marbre, n'a pas moins de 40 mètres d'élévation sur 30 mètres de largeur à sa base.

Le mausolée d'Auguste est tombé en ruines ; son ancien salon central est transformé en salle de jeux et en amphithéâtre.

Le plus remarquable des mausolées de Rome est celui d'Adrien, vaste tour dont les romains firent une citadelle dès l'époque de l'invasion des Goths, et qui porte aujourd'hui le nom de Château St-Ange.

Le plus triste à voir est celui des Scipions. On est cependant heureux, dans ce souterrain étroit et sombre, humide et froid, de se trouver si près de cette famille de héros. La première inscription qui se présente est celle de Publius Cornelius Scipion, le vainqueur d'Annibal.

Assez près de ce tombeau, qui ne fut découvert qu'à la fin du siècle dernier, entre la *voie appienne* et la *voie latine*, on descend dans le *Columbarium*, chambre sépulcrale des affranchis de Livie. Là des cases ou niches, toutes avec voûte cintrée et d'égale dimension (30 centimètres de largeur, 40 de hauteur, 50 de profondeur) sont unies entre

elles au nombre de plusieurs centaines et disposées par groupes avec une régularité parfaite. Chacune de ces niches renferme des cendres. Plusieurs ont encore une inscription, une
urne et une petite lampe en terre cuite.

Cette chambre sépulcrale est curieuse; mais combien les
catacombes sont dignes d'un plus haut intérêt! On sait que
c'étaient d'abord de simples carrières de pouzzolane exploi-
tées pour les constructions romaines. Plus tard ces excavations,
agrandies par les chrétiens, formèrent de vastes salles sou-
terraines et se prolongèrent dans diverses directions, quelquefois même à plusieurs lieues de distance. C'est là que
les fidèles des premiers siècles se réfugiaient pour se soustraire à la persécution, célébraient les saints mystères et dé-
posaient leurs martyrs dans des niches pratiquées dans les
parois des galeries. Outre les corps des martyrs, on y a trouvé
des objets précieux en bronze et en fer, des instruments de
supplice, de petites cuillers pour la communion des fidèles,
etc. De nombreuses recherches ont été faites jusqu'ici dans
les catacombes; mais il en reste encore plus à faire, si,
comme on le pense communément, elles ont reçu les corps
de 150,000 martyrs.

Lorsque Constantin monta sur le trône, les chrétiens quit-
tèrent les catacombes pour les églises.

Rome compte aujourd'hui 360 églises ou chapelles; et,
chose digne de remarque, pas un de ces monuments n'est de
style ogival. Ce genre d'architecture, qui a doté de si nombreux chefs-d'œuvre la Belgique et l'Espagne, le nord et
l'ouest de la France, est presque inconnu dans le midi de
cette même France et dans toute l'Italie.

Les églises de Rome sont en général de style romano-
byzantin. Ce style plus massif et moins élancé que le style
ogival ou gothique, moins pieux peut-être, mais non moins
riche, n'admet que la ligne droite et le plein-cintre; il

emploie des colonnes et le plus souvent des piliers pour soutenir les voûtes ou des plafonds sculptés ; il rejette les clochetons et les flèches, et fait peu usage de tours ; mais il réclame les dômes ou coupoles. Aussi en voit-on partout à Rome.

La France y possède trois églises, qu'elle fait desservir par des prêtres français. C'est à Saint-Louis-des-Français que notre ambassadeur, le général en chef du corps d'occupation, l'état major et une partie des troupes se rendent le dimanche pour entendre la messe.

Tous les offices ne se célèbrent pas à Rome comme en France. Les grandes chaleurs ne permettant pas aux fidèles de se réunir dans les temples au milieu du jour, on n'y chante pas ordinairement les vêpres ; souvent même il n'y pas de grand'messe ; mais seulement des messes basses. C'est l'office du soir, le salut, qui est généralement célébré avec le plus de pompe.

La plupart des églises sont très ornées à l'intérieur, et dans un assez grand nombre, à part les fenêtres qui sont toujours simples et sans vitraux, il n'y a pas un point des piliers ou des murailles, des voûtes ou du pavé qui ne soit revêtu de marbre, de mosaïques, de tableaux ou de sculptures chargées d'or.

Il est rare de rencontrer une église, une chapelle, qui ne soit pas enrichie de quelques tableaux ou statues des grands maîtres, de reliques ou de pierres très-précieuses. L'église Ste-Croix possède les plus précieuses reliques de la passion du Sauveur : une longue épine de la sainte-couronne, l'un des clous du crucifiement, une portion considérable de la vraie croix et le titre même de cette croix, sur lequel on peut lire encore le mot *Nazarenus*. Le temps a effacé les inscriptions hébraïqne et grecque. Les belles églises de Jésus, de Ste-Marie-du-Peuple, de Ste-Marie-de-la-

Victoire, de St-Pierre *in-vincoli*, de St-André *della-valle*, des Sts-Apôtres, de St-Augustin, de St-Grégoire, etc., possèdent un nombre considérable de peintures et de sculptures du premier ordre. Dans l'une, on admire les meilleures peintures de Lanfranc et du Dominiquin; dans une autre, les deux fresques qui ont pour sujet la flagellation et le martyre de St-André, qui furent le résultat du défi que se portèrent le Guide et le Dominiquin, compositions entre lesquelles les connaisseurs n'ont pas osé porter un jugement; ailleurs la belle fresque de Raphaël, représentant le prophète Isaïe. D'un autre côté, le groupe de Jonas assis sur la baleine, la statue de Ste-Thérèse en extase, par Bernini, le tombeau de Clément XIV, par Canova, et avant tout peut-être la fameuse statue de Moyse, par Michel-Ange, jouissent d'une célébrité non moins méritée.

C'est surtout dans les quatre grandes basiliques que sont accumulées d'immenses richesses artistiques.

On s'y trouve partout en face des œuvres de Michel-Ange, de Raphaël, du Guide, du Guerchin, d'Annibal Carrache, de Charles Maratta, du Dominiquin, du Poussin, de Bernini, de Canova, de tous les hommes de génie qni ont mérité à l'Italie le sceptre des beaux arts. On y admire aussi, sous le travail le plus fini, les matières les plus précieuses. Le vert et le jaune antiques, les plus beaux marbres, la pierre de touche, le porphyre, le jaspe oriental, l'agate, le lapis-lazuli s'y transforment en colonnes, en statues, en bas-reliefs, en bassins, en ornements de tous genres.

La basilique de St-Jean-de-Latran, érigée par Constantin, est peut-être le plus grand temple de la chrétienté, après St-Pierre. Elle a reçu cinq fois dans son sein les évêques de la catholicité réunis en concile œcuménique. C'est l'église spéciale du souverain Pontife, qui inaugure son pontificat par la prise de possession de cette basilique. Son tabernacle est estimé le plus précieux du monde catholique et renferme les têtes de St-Pierre et de St-Paul. Auprès de la place de St-Jean-de-Latran, au milieu de laquelle se dresse l'obélisque le plus élevé de Rome, on voit la *Scala santa*, l'escalier saint que J.-C. dut monter dans le palais de Pilate, et que les fidèles ont coutume de monter à genoux.

La basilique de Ste-Marie-Majeure, remonte aussi au IVe siècle de l'ère chrétienne. Benoit XIV y a répandu avec profusion les marbres et les stucs dorés. On y remarque particulièrement de vastes cuves en vert antique et en porphyre, les 26 belles colonnes en marbre blanc qui séparent ses trois nefs, de riches peintures du Guide, et un portrait de la Ste-Vierge, que la tradition attribue à St-Luc. La place qui s'étend vis à vis de la grandiose façade de cette basilique est ornée d'une colonne en marbre blanc, haute de 25 mètres et surmontée d'une statue de la Ste-Vierge; cette colonne est l'une des plus gracieuses de la capitale des beaux arts.

La basilique de St-Paul, qui paraît avoir eu Constantin pour fondateur, est située hors des murs de la ville. Tour à tour ravagée par les sarrazins, par la foudre et enfin par un terrible incendie, elle se relève de ses ruines et brille d'une nouvelle splendeur, grâce à la générosité des souverains et des catholiques de toute l'Europe. L'empereur Nicolas lui a fait don de deux autels en malachite du plus haut prix. Le temple se divise en 5 nefs, formées par 40 colonnes d'un seul bloc de marbre, qui soutiennent la voûte à une grande élévation.

Mais rien n'est comparable à St-Pierre. Personne n'ignore que c'est le premier monument de Rome, le plus grand, le plus magnifique des temples de la terre.

La place qu'il faut traverser pour s'y rendre est ornée de fort belles fontaines et de l'obélisque de Sixte-Quint, haut de plus de 40 mètres. Mais c'est plus qu'une place ; c'est un immense portique circulaire, entouré d'un quadruple rang de colonnes disposées en amphithéâtre et surmontées de statues. Le vestibule est digne du portique et du temple. On y remarque les deux statues équestres de Constantin et de Charlemagne, qui se tiennent là, au seuil de la catholicité, comme les gardes d'honneur de la foi.

Catholique, protestant, incrédule même, qui que vous soyez, il vous sera imposible de pénétrer sans émotion dans St-Pierre. Et cette émotion n'est pas seulement l'effet de la magnificence du travail de l'homme, mais bien plutôt de l'idée qu'on y respire. St-Pierre de Rome ! c'est le plus sublime symbole de la religion, le plus grandiose édifice qui ait jamais été consacré à la divinité ; c'est le foyer de la pensée qui a renversé le grand Jupiter du Capitole et renouvelé le monde, le grand monument élevé à la gloire des martyrs, des vierges, de tous les héros du christianisme, le plus auguste sanctuaire de l'auteur même de la vertu et de la sainteté. Non, en vérité, rien n'est imposant sur la terre, si ce lieu ne l'est pas. Le temple a 20,000 mètres de superficie ; 185 m. 56 c. de longueur, 135 m. 34 c. de largeur et 138 m. 57 c. de hauteur. On estime qu'il n'a pas coûté moins de 300,000,000 fr.

On est d'abord frappé de l'immensité de ses trois nefs, de l'élévation de ses voûtes cintrées, et surtout de la hardiesse et de la majesté de son incomparable coupole. On y remarque 10 autres coupoles, 30 autels, de riches tombeaux, une multitude de statues, de mosaïques, de tableaux de premier ordre. Plus on étudie St-Pierre, plus on y admire l'unité de l'ensemble, l'harmonie des proportions, la variété et le fini des détails. Cette basilique est bien la fille du génie ; mais ce n'est pas trop pour la religion qui est la fille du Ciel.

La confession de St-Pierre est surtout l'objet de la vénération des fidèles. C'est le lieu même où cet apôtre martyr fut enseveli par ses disciples. Constantin y érigea un beau temple et réunit dans une châsse d'argent surmontée d'une croix d'or les corps de St-Pierre et de St-Paul. Cette première basilique ruinée par le temps a été remplacée par la basilique actuelle, qui fait la gloire de Bramante et de Michel-Ange, de Jules II et de Léon X.

J'ai eu le bonheur, le jour de la fête de St-Paul, de dire la messe dans la chapelle souterraine, sur le tombeau des apôtres, auprès duquel brûlent toujours 150 lampes en vermeil. La veille, fête de St-Pierre, j'avais assisté à l'office solennel célébré par le Souverain Pontife. Les vastes nefs étaient remplies d'une foule immense; le chœur et les tribunes étaient réservés aux cardinaux, aux princes laïques, aux membres du corps diplomatique, à l'état-major français et à beaucoup de personnages de distinction. Le chant et la musique relégués dans une grande tribune laissaient jouir de la beauté des cérémonies et de la richesse des costumes et des ornements sacrés. Enfin, l'autel pontifical qui, comme l'autel réservé des onze autres basiliques, est placé au centre du temple et qui, à St-Pierre, est dominé par le plus merveilleux baldaquin et par la grande coupole, permettait à tous de voir l'auguste Célébrant, dont la voix pieuse et sonore retentissait jusqu'aux extrémités de l'édifice. L'office pontifical a quelques particularités remarquables. A la consécration, le St-Père élève l'hostie en décrivant lentement un demi-cercle à gauche, puis à droite. Il renouvelle la même cérémonie à l'élévation du calice. Au moment de la communion, il descend de l'autel et va s'agenouiller sur son trône, où il est assisté du prince laïque, des cardinaux et des prélats d'office. C'est là que le diacre et le sous-diacre lui apportent processionnellement, d'abord la patène avec la sainte hostie, dont il ne prend que la moitié, ensuite le calice dans lequel il puise avec le chalumeau d'or une partie du précieux sang, laissant le reste des espèces consacrées aux officiers de l'autel ; enfin le ciboire où sont renfermées les petites hosties, avec lesquelles il donne lui-même la communion au prince assistant et aux cardinaux-diacres.

Dans les grandes solennités, à son entrée dans la basilique et à son départ, le Souverain Pontife élevé sur la *Sedia gestatoria*, trône que douze hommes portent sur leurs épaules, précédé par les gardes-nobles et escorté par un double rang de cardinaux, accompagnés eux-mêmes de leurs camériers en costume de pages et de leurs massiers, s'avance majestueusement, la tiare ou la mitre en tête, jusqu'au grand balcon de la basilique, où il donne la bénédiction papale *Urbi et Orbi*.

Le soir de la St-Pierre a lieu la splendide illumination de la façade du temple, de la colonnade et des trois coupoles principales. Ces lignes de feu, qui dessinent le monument et en font ressortir tour à tour les beautés de détail et d'ensemble, produisent un effet surprenant : on dirait une auréole céleste.

L'un des palais pontificaux, le Vatican, s'appuie sur St-Pierre. C'est moins un palais qu'une agglomération d'édifices vastes, mais sans unité de plan. On y compte plus de deux cents escaliers et de dix mille chambres ou galeries, dont la plupart sont converties en musée.

Tous les palais de Rome et ses élégantes villas regorgent de peintures et de sculptures d'élite. On remarque particulièrement les collections du Quirinal et des palais Barberini, Borghèse et Colonna. Mais on ne les visite plus avec le même plaisir, quand on a parcouru les galeries du Vatican. C'est en effet le premier musée du monde, pour le nombre, la variété et la perfection des chefs-d'œuvres qu'on y admire.

Les statues qui excitent le plus l'admiration des connaisseurs sont : celles de Méléagre, du Mercure et de l'Apollon du Belvédère, et le merveilleux groupe de Laocoon. Pour les peintures ce sont : la Transfiguration, par Raphaël, et la Communion de St-Jérôme, par le Dominiquin. Avec la Descente de Croix de Daniel de Volterra, qu'on voit à Ste-Trinitédes-Monts, c'étaient aux yeux du Poussin les trois meilleurs tableaux de Rome. La principale chapelle du Vatican est cette fameuse chapelle Sixtine illustrée par les immenses fresques de la Création et surtout par le magnifique tableau du Jugement dernier de Michel-Ange. C'est dans une chapelle voisine, que j'ai vu élever au cardinalat Monseigneur Donnet, archevêque de Bordeaux et Monseigneur Morlot, aujourd'hui archevêque de Paris. Pie IX entouré des membres du sacré-collége, les fit approcher de son trône, et avec les cérémonies d'usage les proclama cardinaux-prêtres; puis, leur donna le baiser de paix, après avoir reçu leur serment en qualité de princes de l'Église. Le soir du même jour, à l'ambassade française et en présence de l'élite de la société romaine, un prélat délégué par Sa Sainteté vint haranguer les cardinaux français et leur remettre le chapeau rouge, insigne de leur nouvelle dignité.

J'avais passé quinze jours à Rome. Je n'avais plus qu'un désir, celui d'obtenir une audience du St-Père. Les circonstances n'étaient pas favorables et laissaient peu d'espoir de réussir. Mais enfin, grâce aux démarches d'un officier distingué de la division française, frère de M. l'abbé Dupont, mon aimable compagnon de voyage, l'audience nous fut accordée. Le Souverain Pontife, qui depuis quelques semaines ne donnait pas d'audience publique, n'était pas revêtu de son costume officiel. Debout, quoique souffrant encore, il nous reçut seuls et comme dans l'intimité. Je n'oublierai jamais tout ce qu'il y avait dans ses traits vénérables de dignité paternelle, d'expression de sainteté, de douceur et aussi de tristesse. A genoux à ses pieds, ce fut avec autant de joie que de respect que, selon l'usage, mais un peu malgré lui, nous baisâmes la mule pontificale, c'est-à-dire, la croix d'or brodée sur sa pantoufle. Il nous fit relever aussitôt et nous offrit à baiser son anneau papal, ce qui ne se fait pas ordinairement pour les simples prêtres. Il nous parla toujours en français. Avec quelle bienveillance il nous entretint de notre pays et de nos fonctions! Avec quelle bonté il voulut bien bénir les objets de piété que nous lui présentâmes, et nous bénir enfin nous-mêmes!

Ses traits, ses suaves paroles, sa paternelle bénédiction seront toujours pour moi le plus précieux des souvenirs.

II.

EXCURSION SUR LE RHIN ET SUR L'ESCAUT.

(SEPTEMBRE 1860.)

Ma première visite au-delà de Paris fut pour Reims. Cette cité est l'une des plus anciennes de France. Après avoir partagé avec Trèves, sous l'empire romain, le titre de métropole de la Gaule-Belgique, elle fut le berceau du christianisme pour les Francs et devint, avec Metz, la principale ville du royaume d'Austrasie. Aujourd'hui, malgré son opulence et ses 45,000 habitants, elle n'est plus que le chef-lieu d'un arrondissement. Elle possède quelques belles

places et promenades, les statues de Louis XV et de Drouet-
d'Erlon, un bel hôtel de ville orné de 68 colonnes, l'antique
maison des comtes de Champagne, celles où naquirent Col-
bert et Pluche, ainsi que l'hôtellerie où le père et la mère de
Jeanne-d'Arc furent logés et défrayés par la ville pendant le
sacre de Charles VII.

L'église de St-Remi mérite d'être visitée. Sa longue nef de
style romano-byzantin est entourée de galeries qui règnent
sur les bas-côtés comme à Notre-Dame de Paris et à
St-Étienne de Caen; le portail et le chœur sont de style
ogival. Ce qu'on y remarque surtout, c'est le tombeau du
saint Évêque, en marbre blanc, ainsi que les statues de grandeur naturelle des six grands pairs laïcs, les ducs de Bourgogne, de Normandie et d'Aquitaine, les comtes de Flandre,
de Champagne et de Toulouse, et des six pairs ecclésiasti-
ques, les évêques de Reims, Laon, Langres, Beauvais, Châ-
lons et Noyon.

Le grand monument de Reims est sa cathédrale. Toute
entière de style ogival et du XIIIe siècle, elle fut construite
en trente années, sur les plans et sous la direction de Robert
de Coucy. Sa longueur est de 148 mètres, sa largeur de 51
mètres, sa hauteur sous voûte de 57 m. 60; ses tours ont
83 mètres d'élévation. Unité de style, sage coordonnance
des parties, sobriété et perfection des ornements, elle réunit
tous les titres pour être l'un des plus beaux fleurons de la
couronne monumentale de la France. Le portail surtout ravit
d'admiration par la majesté de ses hautes tours et la richesse
de ses sculptures. On oublie que le temps en a noirci la
pierre et souvent mutilé les délicates ciselures, quand le
regard se promène au milieu des 550 statues qui décorent
cette splendide façade et les arcades des trois grandes portes, et parmi lesquelles on distingue 42 statues gigantesques
de nos rois. Ce portail est estimé le plus parfait qui existe
en France.

Tout l'extérieur de cette basilique, avec ses tons sévères, avec ses élégantes tourelles, avec les belles galeries à jour qui surmontent les arcs-boutants et les longs murs de la nef, produit un effet plus imposant que tous les édifices religieux de la capitale.

Il en est de même à l'intérieur, où j'ai été frappé de voir 90 belles statues couvrir les murs autour et au-dessus des trois entrées. Je n'ai rencontré nulle part ailleurs la même richesse.

Les trois nefs ont les plus vastes proportions; le chœur démesurément agrandi pour les cérémonies du sacre, aux dépens du transsept et même de la nef, occupe presque la moitié de l'édifice. C'est dans ce chœur qu'ont été sacrés tous les rois de France depuis Philippe-Auguste jusqu'à Charles **X**, excepté Henri **IV** et Louis **XVIII**. Quand, aux derniers rayons du soleil couchant, on examine du fond de l'abside l'effet de la lumière dans les magnifiques vitraux des immenses fenêtres des nefs, dans les splendides rosaces du transsept et du portail, et aussi dans les voûtes, les galeries et les colonnes du temple, on jouit d'une perspective impossible à décrire.

La cathédrale possède l'un des plus beaux monuments antiques de notre pays dans le cénotaphe de Jovin, de Reims, préfet des Gaules au IVe siècle. Son trésor était le plus riche des églises de France, avant l'époque où il passa par le creuset révolutionnaire. On y montre encore une relique de la Ste-Ampoule, une chasuble du XVIe siècle, chargée d'or, du poids de 18 kilogrammes; d'autres ornements précieux, au milieu desquels figurent 110 ornements sacrés en velours et or, qui servirent au sacre de Charles **X** et au baptême du duc de Bordeaux.

Toul, petite ville fortifiée, ancien évêché, est la patrie du maréchal Gouvion-St-Cyr, du baron Louis et de l'amiral de

Rigny. Ses murailles sont baignées par les eaux de la Moselle, que l'on traverse sur un joli pont de sept arches.

L'ancienne cathédrale, commencée vers le milieu du Xe siècle et terminée à la fin du XVe, porte les caractères de ces diverses époques. Cependant il est peu d'édifices religieux du moyen-âge où l'ogive soit mieux dessinée, l'harmonie plus complète, les sculptures exécutées avec un art plus délicat. Le chœur manque d'abside, le transsept est trop nu ; mais la nef est fort belle. Il ne reste plus des anciens vitraux que quelques débris épars çà et là. L'édifice est malheureusement négligé, depuis qu'il est descendu du rang de cathédrale à celui de simple église paroissiale. Sa longueur est à l'intérieur de 80 mètres, sa hauteur sous voûte de 56 mètres.

Le portail, avec ses tours de 76 mètres d'élévation, est un véritable chef-d'œuvre dont les arts sont redevables à Jacquemin de Commercy. « C'est, dit Bourassé, une des plus belles pages inspirées par l'esprit religieux et exécutées par le XVe siècle. Niches, dais, aiguilles, pinacles, feuillages, galeries transparentes, toutes les créations du style ogival y sont rassemblées avec un goût exquis. La pierre y est couverte de dentelles et de fleurs, et la couronne découpée à jour qui est posée sur la tête de ces tours, les fait ressembler à la magnifique tour couronnée de St-Ouen de Rouen, dont elles ont le port majestueux, la délicatesse et la profusion d'ornements. »

Ce portail est la seule partie extérieure du temple qui soit visible. Le reste est entouré de maisons et de jardins, et ce n'est pas sans peine que l'on est admis à visiter un beau cloître carré, de structure ogivale, adhérent à la cathédrale et destiné primitivement aux processions intérieures.

La cathédrale de Metz est également flanquée de hautes maisons et d'échoppes dont plusieurs ont profondément entamé les murs de l'édifice sacré. Voici ses dimensions : longueur 124 m. 50 c. ; largeur 30 m. 65 c. ; hauteur sous voûte 44 m. 33 c.

Ce monument gothique a été commencé dans le XIe siècle et terminé au milieu du XVIe. Le portail et ses tours sont du style lourd et surchargé d'ornements prétentieux qu'on appelle style pompadour. Une autre tour plus ancienne et placée sur le côté nord de la cathédrale se termine en flèche grêle et très élancée. Le chœur est petit, sans nef déambulatoire ; son aire beaucoup trop élevée s'avance disgracieusement dans le transsept. La nef est l'une des plus célèbres de France par son étendue et sa prodigieuse hauteur. La galerie à jour qui règne dans tout l'intérieur de l'édifice est remarquable par le nombre et l'élégance de ses colonnettes et de ses sculptures ; il est regrettable que la plupart des fenêtres de cette galerie et même des belles fenêtres de la nef manquent de vitraux peints. Mais on admire les étincelantes couleurs des verrières du chevet, du portail, et surtout du transsept qui en est enrichi du haut en bas.

Metz possède plusieurs autres établissements importants. Mais c'est avant tout une ville de guerre de premier ordre. Ses deux places sont ornées des statues en bronze des maréchaux Ney et Fabert. La ville domine une riche vallée et voit couler à ses pieds la Moselle sous un beau pont qui a presque la longueur du Pont-Neuf de Paris, et qui s'appelle encore le Pont-des-Morts, en souvenir de la redevance que l'on y payait autrefois pour le passage des morts de la ville.

Nancy, ville grande, généralement régulière et bien bâtie, n'a pas de monuments extraordinaires ; mais elle renferme beaucoup de belles choses et de nombreux établissements de bon goût. Le plus somptueux édifice est l'hôtel du gouvernement, aujourd'hui occupé par le maréchal Canrobert. Il fait face à la place Royale, autour de laquelle se groupent l'hôtel de ville, l'évêché, la préfecture et le théâtre. Au centre de cette place monumentale s'élève la statue du bienfaisant duc de Lorraine et roi de Pologne, Stanislas Lecksinski. Une autre place est décorée de la statue du vertueux général Drouot. L'un des bas-reliefs le montre porté en triomphe par ses jeunes rivaux, qui l'avaient d'abord accueilli par des moqueries ; dans un autre il commande le feu de ses batteries; dans le troisième il donne sa bourse à une sœur de charité.

La cathédrale est dans le style de la renaissance et n'a de remarquable que sa façade large de 50 mètres et ses tours assez légères. Ses nombreuses chapelles sont fermées par de fort belles grilles. Le trône épiscopal est derrière l'autel et au fond du chœur qui est peu spacieux et réservé au clergé.

Notre-Dame-de-Bon-Secours est une chapelle romane enrichie de sculptures précieuses. Elle renferme les monuments où furent déposés Stanislas Lecksinski, Catherine Opolinska, sa femme, et le cœur de Marie Lecksinska, leur fille, épouse de Louis XV.

Dans l'église des Cordeliers, on ne manque pas de visiter la rotonde et les tombeaux des ducs de Lorraine, particulièrement celui de René, vainqueur de Charles-Le-Téméraire. Dans la tente du vaincu fut trouvée la tapisserie célèbre qui se voit encore au palais de justice et dont une scène représente Assuérus rendant l'édit de liberté des juifs, et une autre les inconvénients de la bonne chère.

La Pépinière est la plus belle promenade de Nancy; c'est un parc fort bien dessiné, auquel il ne manque que le charme d'un cours d'eau.

La Champagne et la Lorraine sont traversées par les Ardennes et arrosées par la Seine, l'Aube, la Marne, la Meuse, la Moselle et la Meurthe. Des canaux importants font en

outre communiquer ces fleuves entre eux et même avec le
Rhin. Les vallées sont généralement fertiles, et les côteaux
chargés de vignes. Avant d'en avoir été témoin, je n'aurais
pu me figurer la prodigieuse quantité de fruit qui couvrait
cette année toutes ces belles campagnes. Il fallait donner à
chaque arbre de nombreux supports, pour l'empêcher d'écla-
ter sous le fardeau. Mais la qualité du fruit était loin de
répondre à la quantité.

La campagne ne cesse pas d'être riche et le paysage
varié de Nancy à Strasbourg. On franchit les montagnes des
Vosges au moyen de nombreux tunnels. Le principal est
celui de Valdenbourg, qui a 2,680 mètres et qui, pour dé-
boucher à droite du canal de la Marne au Rhin, à gauche
et au niveau duquel le chemin de fer se tient jusque là,
plonge 12 mètres au-dessous des profondeurs du canal.

Strasbourg, l'*Argentoratum* des romains, est une ville de
80,000 habitants, dont la moitié est catholique, l'autre moitié protestante. On y parle généralement l'allemand. Cette
ville, située dans une belle plaine, sur l'Ill et la Bruche,
à 4 kilomètres du Rhin, possède une forte citadelle, de vastes
casernes, de nombreuses manufactures, des maisons élevées,
peu de larges rues et une seule belle place ou promenade
publique. Patrie de Guttemberg, elle a élevé à ce grand
homme une statue en bronze, par David d'Angers, avec de
riches bas-reliefs qui représentent les merveilleux effets de
l'imprimerie dans les quatre parties du monde. Une autre
statue y a été érigée en l'honneur de Kléber. Le temple
de St-Thomas renferme le tombeau trop vanté, dit-on, du
maréchal de Saxe et deux momies bien conservées de la
famille de Nassau.

Mais combien tous ces petits monuments s'effacent, quand
on contemple la cathédrale ! Fondée par Clovis, restaurée
par Charlemagne, puis dévorée par les flammes, cette église

fut reconstruite par l'évêque Wernher, au commencement du XI⁰ siècle, mais ne fut terminée qu'au milieu du XV⁰.

Elle manque de proportion entre ses diverses parties. Le chœur et le transsept sont de petite dimension et ont toute la pesanteur du style byzantin; la nef, dont les parties basses sont du même style et qui prend de plus en plus le style ogival, à mesure qu'elle monte vers son toit de cuivre, est d'une conception déjà plus vaste, mais reste encore bien loin de la majesté de la tour et de toute la façade, où le style ogival étale tous ses ornements.

On est saisi d'admiration à la vue de cette haute et large façade à trois étages, que l'on doit surtout au zèle de l'évêque Conrad et au génie de l'architecte Erwin. Les trois portails sont ornés d'une foule de grandes statues de prophètes, d'apôtres, de vierges, etc., d'un style noble et sévère, dans un parfait état de conservation, et d'un effet d'autant plus grand que le temps a donné à ces pierres la couleur du bronze.

La rosace du grand portail, qui a 44 mètres de circonférence, est entourée d'un cintre presque entièrement détaché et autant admiré pour la hardiesse de la construction que pour la délicatesse du travail.

Mais ce qui produit sur l'âme l'impression la plus profonde, c'est l'aspect de la flèche qui surmonte la tour du nord et qui s'élance avec autant de grâce que de majesté dans les airs, à la hauteur de 142 mètres. Il paraît démontré que, par suite de la dépression successive de la grande pyramide d'Égypte, cette flèche est aujourd'hui l'édifice le plus élevé de l'univers.

La flèche, composée d'immenses fenêtres et de quatre escaliers tournants, saillants et à jour, se termine par six rangs de tourelles superposées. « C'est une chose admirable, dit

V. Hugo, de circuler dans cette monstrueuse masse de pierres, évidée comme un joujou de Dieppe, lanterne aussi bien que pyramide, qui vibre et qui palpite à tous les souffles du vent. »

On conçoit de quel magnifique panorama jouit l'observateur qui, du haut de cette flèche, embrasse du même coup-d'œil le cours du Rhin, les montagnes des Vosges et de la Forêt-Noire dont les sommets ont 1,500 mètres d'élévation. Satisfait de ce spectacle, je n'ai point été tenté de demander à la municipalité l'autorisation de franchir les douze ou quinze degrés de l'escalier extérieur et sans rampe conduisant au pied de la croix, autorisation seulement accordée aux visiteurs qui ne craignent pas le vertige et une chute de 420 pieds. Fort peu auront la fantaisie d'imiter ce soldat de la garnison de Strasbourg qui, il y a six mois, trouvant fermée la porte de l'escalier supérieur, sut se soustraire à la vue du gardien, s'élança de pointe en pointe jusqu'au sommet de la croix, sur laquelle il se livra à toutes sortes d'exercices gymnastiques, puis redescendit, toujours à l'extérieur, d'arête en arête et de galerie en galerie jusqu'à la base de la flèche.

Cette cathédrale a passé par toutes les épreuves. Le mauvais goût du XVIIe siècle détruisit le jubé construit par Erwin et admiré de tout le moyen-âge comme une merveille d'élégance ; un tremblement de terre, la foudre et l'incendie causèrent tour à tour à l'édifice d'immenses ravages ; enfin les démolisseurs de 93 renversèrent 230 statues de saints et de rois. Quelques insensés voulaient même démolir la flèche, sous prétexte que sa hauteur offensait le principe de l'égalité : ils se contentèrent à la fin de la coiffer d'un colossal bonnet rouge en fer-blanc, que l'on conserve à la bibliothèque.

Plus heureuses que dans beaucoup d'autres cathédrales, les

fenêtres de la nef ont conservé leurs précieux vitraux, qui passent pour le chef-d'œuvre du XIII° siècle, après les incomparables verrières de Bourges et quelques unes de celles de St-Gatien de Tours. On remarque encore dans ce monument : 1° le baptistère dont le bassin est entouré d'une broussaille de sculptures ; c'est de l'orfévrerie en pierre, dit un artiste ; 2° la chaire, également en pierre, couverte de colonnes, de dentelles et de 50 petites statues, et à laquelle on ne peut guère comparer que la chaire de la cathédrale de Mayence ; 3° la colonne appelée le *Pilier des Anges*, qui est décorée de plusieurs étages d'élégantes colonnettes et de belles statues, et qui sert d'ornement à la partie du transsept qui contient l'horloge. Cette horloge astronomique est une merveille bien supérieure à l'ancienne horloge, qui passait elle-même pour l'une des merveilles de l'Allemagne. Le nouveau mécanisme, conçu et exécuté par Schwilgué, marcha pour la première fois en octobre 1842, à l'occasion du dixième congrès scientifique de France, réuni à Strasbourg.

Au bas du monument, haut de 20 mètres, une sphère céleste, sur laquelle sont représentées dans leur position vraie les 5,000 étoiles des six premières grandeurs, emporte avec elle dans son mouvement de rotation diurne les cercles de l'équateur, de l'écliptique, des collures des solstices et des équinoxes, ne laissant immobiles que ceux du méridien et de l'horizon. Le mécanisme est si parfait qu'il imprime aux cercles un mouvement de rétrogradation qu'ils ne pourront achever autour de la sphère que dans 25,000 ans. Derrière cette sphère, un anneau métallique d'une circonférence de 9 m., sert de calendrier perpétuel, et indique de lui-même le mois et les jours du mois, les lettres dominicales, le nom du saint de chaque jour, les fêtes fixes et même les fêtes mobiles, les années ordinaires et bissextiles, le lever et le coucher du soleil, les phases de la lune, toutes les éclipses de soleil et de lune et leurs divers caractères. Un mécanisme particulier, appelé comput ecclésiastique, fournit par lui-même et pour 1,000 ans tous les éléments de supputation nécessaires pour régler le calendrier et les fêtes de l'église. Un autre mécanisme sert aux équations solaires et lunaires. Un peu plus haut on voit apparaître pour chaque jour de la semaine la divinité païenne qui lui a donné son nom.

La galerie aux Lions renferme le cadran indicateur du temps moyen, avec heures et secondes, dont le moteur diffère naturellement de ceux qui marquent le temps sidéral et le temps apparent. Au dessus, un planétaire imprime aux six planètes visibles à l'œil nu, les mouvements précis qui règlent la marche de chacune d'elles autour du soleil, et fait tourner en même temps autour de la terre son fidèle satellite, dont toutes les phases sont constamment mises en lumière dans un compartiment spécial. Ailleurs un génie tient en main un clepsydre rempli de sable rouge, qu'il retourne à chaque heure; tandis qu'un autre génie frappe sur un timbre le premier coup de chaque quart d'heure.

Mais ce qui intéresse le plus les curieux, c'est le jeu des statuettes mobiles. Quatre statuettes, dont les mouvements imitent la nature et qui figurent les quatre âges de la vie, sont chargées, pendant le jour seulement, de venir frapper le deuxième coup de chaque quart d'heure. L'enfant vient seul au premier quart frapper le timbre avec un thyrse; l'adolescent le suit à chaque demi-heure pour frapper à son tour le timbre avec sa flèche de chasseur; après eux, l'homme sous les traits d'un guerrier vient aux trois quarts remplir son rôle avec sa lance; enfin vient à chaque heure le vieillard penché sur sa béquille, dont il se sert pour sonner le dernier quart. Alors la Mort, qui veille jour et nuit, debout auprès du timbre des heures, le frappe gravement avec l'os qu'elle tient à la main. La galerie supérieure représente Jésus-Christ, d'une main tenant la croix, de l'autre prêt à bénir. Chaque jour à midi, on voit passer successivement devant lui les douze apôtres, St-Pierre en tête, qui le saluent et qu'il bénit. Puis, un coq perché sur une tourelle bat des ailes, agite la tête et la queue, et fait entendre trois fois son chant. Tout ce prodigieux mécanisme obéit à un seul moteur principal.

Il est regrettable que le chœur de la cathédrale ne soit pas dégagé des maisons qui l'entourent. L'une des maisons voisines est la belle maison des architectes de la cathédrale, où se centralise la recette de l'œuvre établie pour l'entretien du grand monument. On y voit avec intérêt les plans et modèles de l'édifice, et un escalier tournant autour d'un centre vide et orné de délicieuses colonnes.

Une route plantée d'arbres conduit de Strasbourg au Rhin. Le beau pont de Kehl n'étant pas encore terminé, il faut traverser sur une ligne de bateaux le grand fleuve dont les deux bras enveloppent l'île des *Épis*. Au milieu de cette île française, théâtre de gloire pour Desaix, on remarque un mausolée quadrangulaire qui porte cette inscription : *Au général Desaix, l'armée du Rhin*, 1801.

La vue du fleuve produit une vive impression. Le Rhin occupe le cinquième rang parmi les fleuves de l'Europe. Il porte à l'Océan cinq fois moins d'eau que le Volga, quatre fois moins que le Danube, trois fois plus que la Seine, six fois plus que le Tibre. Sa longueur est de 1,500 kilomètres, dont 900 navigables. Dans son parcours il est semé de 295 îles et il reçoit au-delà de 12,000 affluents. Sa largeur est de 350 m. à Strasbourg et de 500 m. à Cologne. Sa profondeur varie de 4 à 9 m. entre ces deux villes. A Strasbourg, il est élevé de 140 m. au-dessus du niveau de la mer. Sa rapidité varie naturellement selon la pente et la largeur de son lit ; en moyenne elle est de 5 kilomètres à l'heure. Le transport des voyageurs et celui des bois forment le principal aliment de la navigation de ce fleuve.

Dès qu'on a franchi la rive droite, le chemin de fer badois se dirige vers les montagnes de la Forêt-Noire; bientôt on aperçoit Sasbach, village devenu célèbre par la mort d'un de nos plus grands capitaines. La France lui a élevé un monument qu'elle fait garder par un de ses vétérans et sur lequel on lit cette inscription : *La France à Turenne. Ici il fut tué le 24 juillet 1675.* Les collines et les montagnes, au pied desquelles la vapeur poursuit sa course, se succèdent et se relient sans interruption sur plusieurs plans et sous des aspects variés et pittoresques. Le paysage devient plus riche encore en approchant de Bade, qu'on écrit Baden-Baden, pour distinguer cette ville de deux autres du même nom.

Protégée contre les vents du nord, de l'est et de l'ouest, par les hautes montagnes qui la dominent, Bade jouit d'un climat doux, d'un air pur et fortifiant. Elle a eu récemment le privilége de voir réunis dans son sein dix souverains à la fois; chaque année la belle saison y appelle une foule d'étrangers, attirés par le charme de son site et la qualité de ses eaux thermales. Ses vallons sont couverts de céréales, de vignes, d'amandiers, de marronniers, de trembles et d'érables; ses montagnes sont entièrement couronnées de bois. L'une d'elles, qui s'élève à la hauteur de 550 mètres au-dessus de la ville, est remarquable par son vieux château, par le magnifique panorama dont on y jouit et par ses rochers de porphyre. Sur un autre sommet jaillit la principale source des eaux thermales. Ces eaux minérales, salines, sulfureuses, peu agréables au goût et à l'odorat, ont une température de 75 degrés et sont utilement employées en boisson et en bains dans vingt hôtels et surtout à la *Trinkhalle*, petit palais orné d'une colonnade de 90 m. de long et de fresques assez estimées. Au milieu, s'étend une belle et vaste salle, dont la voûte s'appuie sur une forte colonne de marbre, d'où l'eau minérale jaillit dans deux bassins de fonte entourés de nombreux buveurs. La saison des eaux commence en mai et finit en octobre.

C'est aussi naturellement la saison des jeux et de toutes sortes de fêtes, dont la *Maison de conversation* est le centre. C'est un vaste édifice, avec portique corinthien, qui contient un restaurant et un café, de magnifiques salons, des salles de théâtre, de bal, un cabinet de lecture qui reçoit les grands journaux de France, d'Angleterre et d'Allemagne, et surtout des salles de jeux dans lesquelles se presse une foule de joueurs et de curieux. Ces jeux sont la roulette, le trente et un ou le trente et quarante : ils sont tenus par une société d'actionnaires qui paie annuellement à la ville 125,000 fr., et qui soutient l'enjeu contre tous les joueurs qui se présentent.

Autour d'une longue table recouverte d'un tapis vert, où se dessinent plusieurs séries de chiffres, sont installés le directeur et les caissiers avec leurs piles d'or et d'argent et leurs baguettes ou petits rateaux d'ébène qui facilitent la rapide répartition des mises ; puis, une vingtaine de joueurs et de joueuses, mélange de tout pays et de tout rang, occupés, dans un fiévreux silence, à calculer les chances, à faire le jeu, à remplir et plus souvent à vider leurs bourses et leurs portefeuilles. Chaque partie, à laquelle prennent part tous ceux qui le veulent, chacun pour la somme qui lui convient depuis 1 fr. 50 c. jusqu'à 10 ou 12,000 fr., se règle en une minute et est immédiatement suivie d'une autre partie. Et cela dure douze heures par jour pendant les six mois de la belle saison. Il est triste de voir

des gouvernements se faire de leur intérêt une excuse pour
tolérer et même pour protéger ces jeux immoraux, honteux
appât à la cupidité et source de tant de désastres.

Carlsruhe, capitale du grand-duché de Bade, est une jeune
et jolie ville, bâtie en éventail et parfaitement alignée.
Toutes les principales rues aboutissent au château ducal;
ses autres sont demi-circulaires et passent comme des
rubans sur les lames de l'éventail. Le château, son parc et
ses jardins sont d'un agréable aspect. Toutes les places de
la ville sont ornées d'une statue ou d'un buste de duc ou de
margrave.

Heidelberg, autre ville du même duché, est riche de sites
et de souvenirs. Cette ville, située sur le Neckar que traverse un beau pont de 235 mètres, a été tant de fois
victime du fléau de la guerre qu'elle ne possède plus qu'une
de ses anciennes maisons au pignon sculpté. Son université,
connue sous le nom de *Ruperta Carolina*, date de 1386.
La ville est entourée de hauteurs, de croupes boisées plus
fières que des collines et moins âpres que des montagnes.
La plus élevée se dresse à 574 m. au dessus du fleuve. Son
sommet est couronné par une tour, du haut de laquelle on
jouit de la vue la plus étendue et la plus pittoresque : au
dessous, la ville et la riche vallée du Neckar, dont la rive
opposée est dominée par de nombreuses et verdoyantes
collines; plus loin le Rhin qui court et brille au soleil comme
un filet d'argent au milieu de vastes plaines; les villes de
Manheim, Worms, Landau et surtout la ville de Spire et
l'immense cathédrale qui la domine comme un géant,
avec ses quatre tours de 75 m. de hauteur, et ses vastes
nefs romanes de 59 m. de largeur, sur 147 m. de longueur.
Avec l'aide d'une longue-vue, j'ai fort bien distingué au
sud la flèche de Strasbourg, et au nord un monument voisin
de Francfort, villes éloignées l'une de l'autre de 40 lieues.

En descendant, on trouve à mi-côte les ruines du vieux château, qui était perché comme un nid d'aigle au-dessus de la ville. C'était une merveille architecturale, une mosaïque de châteaux et de tours, à bon droit surnommée l'Alhambra de l'Allemagne. Pauvre château! Son seigneur ayant donné sa fille en mariage au duc d'Orléans, Louis XIV chargea son ministre de réclamer le château comme héritage de la princesse. Malgré sa résistance et ses murailles de 7 mètres d'épaisseur, le château fut pris deux fois. Mélac et de Lorges, pour mieux servir Louvois, mirent leur gloire à entasser ruines sur ruines. Aussi les habitants du pays ont-ils encore aujourd'hui ces trois noms en exécration. Les nombreux visiteurs de ces belles ruines ne manquent jamais d'aller voir le Grand Tonneau. Ce tonneau monstrueux repose sur un ber orné et ne ressemble pas mal à un navire sur la cale. Il a 8 m. de diamètre, 11 m. de longueur, et pouvait contenir 285,000 bouteilles de vin du Rhin. Devenu inutile, il n'est plus depuis un siècle qu'un objet de curiosité.

A Darmstadt, capitale de la Hesse, l'église catholique offre un aspect imposant. Sa rotonde n'a pas moins de 75 m. de diamètre et de 41 m. de hauteur. Une petite ville voisine, Hombourg, renommée dans toute l'Allemagne pour ses eaux minérales et pour ses jeux de hasard, venait d'être témoin d'un spectacle assez rare. Un espagnol avait deux jours de suite fait sauter la banque, c'est-à-dire fait lever la séance, après avoir épuisé toutes les ressources des fermiers des jeux. Déjà il avait eu la même chance quelques mois auparavant, et il réalisait ainsi en trois jours un bénéfice d'un million. Ces exemples, bien propres à exciter la cupide ardeur des joueurs, ne décourageront malheureusement ni les fermiers ni les princes qui prennent part au dividende, et qui savent bien qu'au total c'est l'argent de l'étranger qui fait tous les frais.

Me voici dans une ville toute allemande. Depuis Strasbourg, j'avais eu plus d'une fois de la difficulté à me faire
comprendre; mais c'est bien autre chose à Francfort-sur-le-
Mein, où le maître de l'hôtel sait à peine lui-même parler
un peu le français. Cette ville, chef-lieu de la petite république
du même nom, et siége de la diète germanique, est, dit-on,
l'une des plus agréables de l'Allemagne. Sa population se
compose de 60,000 protestants, de 6,000 catholiques et de
6,000 juifs. Ses anciennes fortifications ont été converties en
promenades. Elle est reliée à son faubourg par un beau pont
de 15 arches, au milieu duquel s'élève la statue de Charlemagne. Les quartiers neufs ressemblent à ceux de nos grandes villes; mais la vieille ville est l'une de celles qui renferment le plus de rues tortueuses et sombres, de pignons
sculptés, de façades peintes, de tourelles et de galeries sail-
lantes. J'y ai vu plusieurs maisons dont la saillie augmen-
tait à chaque étage, de telle sorte que le troisième ou
quatrième étage avait moitié plus de circonférence que le
rez-de-chaussée.

L'ancien quartier des juifs est construit presque entièrement en bois. Derrière le pignon de chétive apparence qui
s'ouvre sur la rue, se prolonge une foule de compartiments
étroits, sans soleil et presque sans air. L'une de ces maisons a vu naître tous les Rotschild; elle a vu aussi mourir,
il y a peu d'années, la mère des célèbres banquiers, qui n'a
jamais voulu échanger contre un palais la petite maison de
ses ancêtres. Les juifs ont à Francfort deux synagogues
ennemies l'une de l'autre; la jeune a pris le titre de réfor-
mée en se séparant de l'ancienne. Les synagogues sont,
comme les temples protestants, sans autel et sans sacrifice.
Le chandelier à sept branches est le seul symbole religieux
qu'on y conserve. Le pentateuque, livre de la loi des anciens
juifs, et aussi l'unique code des juifs modernes, y est

reproduit en plusieurs exemplaires sur autant de rouleaux de parchemin richement décorés. Le jour du sabbat, le rabbin déroule un exemplaire, dont il lit et explique quelques passages. La tribune et son fauteuil de président sont placés au fond d'une estrade élevée ; sur le devant est une galerie réservée pour les cérémonies du mariage, que les juifs contractent du reste sans difficulté avec des personnes de culte différent.

Le Dom, cathédrale catholique, est une église ogivale de diverses époques, longue de 87 m. et large de 72 m. C'est dans son enceinte que les Empereurs d'Allemagne étaient couronnés. Parmi les tombeaux qu'elle renferme, j'ai remarqué ceux de l'illustre famille de Tour-et-Taxis, dont l'ancien hôtel est aujourd'hui le siége de la diète germanique, et celui du marquis de St-Pern, lieutenant-général des armées du roi de France, mort en cette ville en 1761, à la famille duquel appartient l'un de nos honorables concitoyens, M. de St-Pern, commissaire de la marine.

L'hôtel de ville, appelé *Rœmer*, c'est-à-dire le Romain, est un monument d'origine inconnue, mais d'une haute importance historique. C'est là que les neuf princes-électeurs se réunissaient pour élire l'Empereur d'Allemagne ; là, que le nouvel élu, la couronne en tête et le glaive en main, apparaissait au balcon, et se faisait reconnaître par le sénat et les bourgeois rassemblés sur la place. Pour donner plus de pompe à cette proclamation, les quatre grands dignitaires de l'empire entraient au même moment en cortège sur cette place, au centre de laquelle étaient disposés un tas d'avoine, un bœuf entier rôti, des vases de vermeil et une urne pleine d'or, symboles de la prospérité du nouveau règne ; puis l'un d'eux, à cheval, s'avançait dans le tas d'avoine jusqu'à la sangle de la selle, un autre coupait une large tranche de bœuf, le troisième remplissait les vases de vin et d'eau, le quatrième puisait l'or dans l'urne et le jetait à pleines mains au milieu de la foule. On voit encore au Rœmer le trône impérial, les portraits en pied de tous les empereurs, depuis Charlemagne jusqu'à François II, et aussi la célèbre bulle d'or, ainsi nommée de son sceau à feuille d'or, par laquelle l'Empereur Charles IV réglait les droits et privilèges des empereurs et des électeurs, et qui est restée en vigueur depuis 1356 jusqu'à l'époque de la dissolution de l'empire en 1806.

Une maison de la place voisine, reconnaissable au buste de Luther, fut habitée par le fameux hérésiarque, qui parlait souvent à la foule du haut de son balcon. Une autre place est ornée des trois statues réunies des inventeurs de l'imprimerie, Guttemberg, Fust et Schœffer. Sur une troisième s'élève la statue de Gœthe, dont une inscription indique l'ancienne demeure ; la chambre qu'il occupait est restée depuis un siècle telle qu'il l'a quittée. Un objet d'art, qui passe à Francfort pour une merveille, représente Ariane assise sur une panthère. Ce groupe est exposé sur un socle tournant et derrière un rideau de soie rose qui donne au marbre la couleur de la chair. Sur le quai, on voit encore la chapelle du château qui fut construit par Louis-Le-Débonnaire et qui vit naître Charles-Le-Chauve.

Viesbaden, capitale du duché de Nassau, voit en ce moment s'achever un beau temple en briques rouges, de style ogival, à trois nefs, haut et vaste comme nos grandes cathédrales et surmonté de cinq flèches. Si plusieurs des anciennes rues sont tortueuses et mal bâties, les rues neuves et les boulevards sont bordés d'élégantes maisons et de somptueux hôtels, grâce aux 30,000 visiteurs qui s'y donnent rendez-vous chaque année. Les sites agréables de la ville et des environs ne sauraient soutenir la comparaison avec ceux de Bade ; mais les eaux et les jeux y sont également fréquentes. On n'a rien épargné pour créer et pour embellir sans cesse les promenades, les bosquets, les pièces d'eau tout autour du *Kursaal,* dont l'intérieur est enrichi de fresques et de statues, et tous les soirs inondé de lumière. Cette ville avait autrefois une forteresse romaine ; son sol est encore fécond en souvenirs de cette époque.

A quelques kilomètres de Viesbaden, je quitte enfin la rive droite du Rhin, et, après avoir franchi le pont de bateaux, je pénètre dans Mayence, le chef-lieu de la Hesse-Rhénane, et l'une des principales forteresses de la confédération germanique. Citadelle, triple enceinte, 20 bastions, 8 lunettes, 12 forts détachés, large fleuve et camp retranché, cette ville a tout ce qu'il faut pour constituer une place de guerre de premier ordre. Sa population est de 40,000 habitants, dont les trois quarts sont catholiques. Rien de plus sale et de plus négligé que le quai de Mayence. Une haute muraille, aussi triste d'aspect qu'inutile pour la défense, emprisonne la ville, la prive d'air et lui dérobe la vue de son beau fleuve. La plupart des rues sont étroites et malpropres ; on y rencontre peu d'édifices importants. La statue de Guttemberg qui s'élève au milieu de la place centrale, atteste que Mayence dispute à Strasbourg l'honneur d'avoir vu les premiers succès de l'illustre inventeur.

La cathédrale est le seul monument digne d'attirer l'attention. Mais on aurait peine à la reconnaître, tant elle est serrée de toutes parts et enclavée dans des propriétés particulières, sans ses deux hautes et vastes tours terminées en dôme. Sept fois incendiée et reconstruite, transformée pendant la guerre en caserne, en abattoir, en magasin, elle porte encore la trace des boulets lancés sur la ville pendant le siége de 1793. Sa longueur est de 119 m. et sa largeur de 50 m. Elle est sans façade et forme deux chœurs à ses extrémités. Ce sont deux absides romanes, chacune avec son transept, qui se regardent et qui sont réunies par une grande nef. On dirait deux églises soudées l'une à l'autre par leur façade. Les autels sont également tournés en sens opposé. Aussi les bancs de la nef sont-ils installés de côté, de sorte que les fidèles n'ont jamais de face ni à dos les autels où l'on dit la messe. Une autre bizarrerie de cette cathédrale, c'est que les bas-côtés sont de style ogival, tandis que le style de la nef est romano-bizantin. La chaire est un chef-d'œuvre. Les deux blocs de pierre dont elle se compose y sont fouillés, sculptés, transformés en galeries, en statues, etc., avec un art qui ne se retrouve qu'à la chaire de Strasbourg. On n'admire pas moins la magnifique urne baptismale, qui est en bronze et du XIVe siècle.

Mais la spécialité, le joyau de cette cathédrale, ce sont les tombeaux des archevêques-électeurs. L'église en est pavée, les autels en sont faits, les piliers en sont étayés, les murs en sont couverts. La pierre et le marbre y sont quelquefois travaillés avec le plus grand art. Ces sépultures sont l'histoire monumentale des faits et des arts de six siècles entiers. Tout s'y mêle, les armoiries, les manteaux héraldiques, la mitre, la couronne, le chapeau électoral, le chapeau cardinal, les sceptres, les épées, les crosses abondent et s'amoncellent sur ces cénotaphes, et cherchent à recomposer aux yeux du passant la grande figure du président des électeurs de l'empire d'Allemagne, du prince-archevêque de Mayence. Parmi ces fastueux tombeaux, on en remarque deux qui sont loin d'être les plus riches : le tombeau de St-Boniface, archevêque de Mayence, au VIIIe siècle, et celui de Fastrada, l'une des épouses de Charlemagne.

Le plus beau jour de mon voyage fut celui où je descendis le Rhin de Mayence à Cologne. J'avais admiré sous le ciel d'Italie les sites fameux de Naples et de Gênes; j'étais encore sous le charme des vues si pittoresques de Bade et de

Heidelberg; mais je n'ai rien trouvé dans mes souvenirs que je pusse assimiler aux bords du Rhin, excepté les grandes Alpes dont l'austère majesté offre des aspects incomparables. Le soleil, radieux pendant tout le trajet, rendait les perspectives encore plus séduisantes. Les bords du Rhin ont été si souvent et si bien dépeints, qu'il serait inutile et téméraire à moi de vouloir en donner une nouvelle description. Je veux seulement présenter ici le tableau sommaire des divers genres de beauté qui m'ont frappé dans mon rapide passage.

Le nombre, l'étendue, la fertilité des îles que le bateau à vapeur rencontre presque à chaque instant, sont pour le voyageur un spectacle aussi agréable que nouveau. La plupart sont habitées ; l'une de ces îles vit mourir misérablement Louis-Le-Débonnaire, poursuivi par ses fils. Quelques îlots formés de roches portent encore les débris des anciennes tours qui en faisaient des châteaux-forts. Les tours, les châteaux, les couvents, restaurés ou en ruines, sont semés avec profusion sur le penchant des collines et sur les sommets de l'une et l'autre rive du fleuve. Ici, on voit les vestiges du magnifique palais d'Ingelheim, que construisit Charlemagne, et qu'il orna de cent colonnes de marbre et de porphyre, et de précieuses mosaïques apportées de Rome et de Ravenne ; plus loin la célèbre abbaye d'Éberbach, fondée par St-Bernard ; ailleurs le Rolandsech, dont la légende et la tradition font remonter l'origine à Roland, le célèbre paladin ; puis le château et la plaine d'Andernach, résidence de plusieurs rois francs et théâtre de la défaite de Charles-le-Chauve, par son neveu Louis-le-Jeune. Beaucoup d'autres châteaux servaient à rançonner au nom des seigneurs les bateaux du Rhin. Aujourd'hui tous les péages sont abolis, excepté celui de Caub, qui subsiste encore au profit du duc de Nassau.

On trouve tout sur le Rhin, même Charybde et Scylla.

Tantôt le fleuve est lent, sans profondeur et large comme un lac; tantôt il est rapide, profond, resserré, plein d'écueils et de tourbillons.

Mais ce qui rend cette partie du Rhin si pittoresque, c'est la multiplicité, la diversité et la richesse des côteaux, des rochers, des ravins, des montagnes, qui viennent se briser fièrement ou mourir en pentes douces sur l'une et l'autre rive. Dans un parcours de 100 kilomètres, on ne cesse d'admirer des milliers de collines, qui fuient, se heurtent, s'entremêlent, se superposent les unes aux autres, et présentent à l'œil mille points de vue nouveaux, des ondulations infinies, des perspectives lointaines, des vallées verdoyantes, des escarpements abruptes et sauvages comme nos grandes falaises, et hérissés des débris de vieux donjons perchés à 300 m. au-dessus du Rhin. Sur la rive gauche, la nature plus sévère, quoique riche encore, couvre de forêts les parties les plus ombragées, et ne produit la vigne et les céréales que dans les plus beaux sites; mais toute la rive droite est d'une fertilité rare. Toutes ses pentes, même les plus légères anfractuosités de rocher y sont chargées d'arbres à fruit et surtout de vignes. C'est là que l'on voit le château et les vignobles fameux de Johannisberg, qui assurent au prince de Metternich un revenu supérieur à 200,000 fr. Sous l'Empire, cette riche propriété fut donnée par Napoléon au maréchal Kellermann.

La ville de Coblentz, sur la rive gauche du Rhin et sur la rive droite de la Moselle, est dans un site très pittoresque. J'y ai visité le château royal qui fut habité en 1792 par les comtes de Provence et d'Artois, et l'ancienne église Castor, qui possède un tombeau avec cette inscription: *Ludovici pii regis Romanorum et Francorum.* Tout près de cette église, une fontaine se fait remarquer par cette double inscription: *Année 1812, mémorable par la campagne contre les Russes;*

et au-dessous : *Vu et approuvé par nous, commandant russe de la ville de Coblentz, général de Saint-Priest, le 1er janvier 1814.* Sur la rive droite, vis à vis Coblentz, s'élève à pic et à une hauteur de 125 m., une forteresse d'un aspect formidable dont le nom signifie: *Large pierre de l'honneur.* La Prusse y a dépensé cent millions de francs depuis cinquante ans.

Tout près de Coblentz et du beau pont que franchit la Moselle pour se jeter dans le Rhin, un monument érigé à la mémoire de Marceau, général à 22 ans, mort sur cette plage, porte cette inscription : *Hic cineres, ubique nomen.* Plus loin, sur un obélisque élevé en l'honneur d'un autre général français, mort à 29 ans, on lit : *L'armée de Sambre-et-Meuse à son général en chef Hoche.* A mesure qu'on descend le fleuve, on voit grandir de plus en plus dix collines ou montagnes d'origine volcanique, formées de lave et de basalte, qu'on contemple du même coup-d'œil, et dont la hauteur varie de 500 à 500 mètres. C'est le dernier des beaux aspects du Rhin.

La jolie ville de Bonn, où l'on débarque pour se rendre à Cologne par le chemin de fer, est la patrie de Bethoven. Son université est célèbre et occupe un palais qui a 425 m. de longueur et qui contient 150,000 volumes. L'origine de sa cathédrale aux 5 flèches remonte à Ste-Hélène. Une particularité remarquable de cette église, c'est que l'autel du chœur et ceux du transept sont élevés de 5 m. au-dessus du pavé des nefs.

Mais j'ai hâte d'arriver à Cologne, la *Colonia Agrippina* des Romains. Cette ville, bâtie en demi-cercle sur la rive gauche du Rhin, compte 100,000 habitants, dont les trois quarts sont catholiques. Quoique soumise à la Prusse, elle est depuis soixante ans régie par le code français. L'ancienne ville est pleine d'animation ; mais les rues y sont étroites,

tortueuses, et généralement sales comme les habitants. C'es
là cependant qu'une multitude de Jean Farina fabriquent et
débitent des torrents d'eau de Cologne. Les quartiers neufs
ont perdu en activité ce qu'ils ont gagné en propreté et en
agrément. Même dans la nouvelle ville, on rencontre assez
peu de belles rues; point de jolies places, ni de statues, et
fort peu de monuments dignes de fixer l'attention.

Sur le Rhin, deux petits ports de sûreté, dont l'un a été
construit par les français en 1810, abritent une flotille de
bateaux à vapeur et à voiles. On achève en ce moment un
fort beau pont de 550 m., le seul pont fixe qui existe
depuis Strasbourg. Jusqu'ici Cologne n'avait, comme Mayence
et Coblentz, qu'un pont de bateaux; elle ressemble encore à
ces deux villes et les surpasse même par la malpropreté de
ses quais. On ne peut voir le fleuve qu'en se rendant au
milieu du pont. C'est aussi le seul endroit d'où l'on puisse
jouir de l'aspect général et assez pittoresque de la ville.
L'hôtel de ville a peu d'importance. « C'est un édifice
arlequin fait de pièces de tous les temps et de morceaux de
tous les styles.» L'église de Ste-Ursule renferme les reliques
des onze mille vierges qui, d'après la tradition, subirent le
martyre à Cologne dans le IVe siècle. Une grande chapelle
est tout entière tapissée de crânes ornés de broderies sur
velours. Dans l'église même, on voit une masse d'ossements
symétriquement disposés sous des vitrines tout autour du
chœur et des nefs.

J'ai consacré ma première et ma dernière visite à la cathédrale. C'est une merveille qu'on ne peut se lasser de voir et
d'admirer. L'architecte de génie qui fut l'auteur de cette
œuvre éblouissante n'a pas laissé son nom; mais heureusement on a retrouvé ses plans, dont la moitié, longtemps éga-
rée, a été enfin découverte à Paris dans les poudreux rayons
d'une petite boutique du quai Voltaire. C'est en 1248 que l'ar-

chevêque Conrad posa la première pierre de l'édifice, à 15 m. de profondeur. Le chœur fut bénit 75 ans après. Les travaux souvent interrompus cessèrent entièrement en 1510. Long-temps oubliée, puis indignement mutilée par le mauvais goût du XVIIIe siècle, transformée en magasin à fourrages pendant la révolution, délaissée par le gouvernement impérial, qui refusa 40,000 fr. demandés pour l'empêcher de tomber en ruines, cette cathédrale a enfin triomphé de tous les dangers, grâce à la généreuse initiative du prince Frédéric Guillaume, aujourd'hui roi de Prusse, qui verse chaque année 200,000 fr. à la caisse de l'œuvre. Les travaux, recommencés en 1820, sont poussés avec une grande activité depuis 1842, toujours d'après les plans du premier architecte. Le directeur de ces travaux m'a affirmé que dans deux ans tout l'édifice sera terminé, excepté les flèches, auxquelles il ne faudra pas consacrer moins de quinze années. Alors les frais de restauration générale auront atteint le chiffre de 18 à 20 millions. Les flèches auront autant d'élévation que l'édifice a de longueur, 165 m. (23 m. de plus que la flèche de Strasbourg); la voûte a 50 mètres de hauteur, (2 m. de plus que le chœur de Beauvais, 6 m. de plus que les nefs de Metz et d'Amiens) La largeur de la nef est de 50 m.; c'est la même largeur qu'à Anvers, 5 m. de plus qu'à Notre-Dame-de-Paris. Le transept, qui est orné de bas-côtés, a 80 m. de longueur, et se termine par deux portails gigantesques à trois entrées.

A l'extérieur, le chœur et un portail latéral sont seuls achevés. Mais c'est assez déjà pour faire admirer la majesté de l'édifice, les heureuses proportions des diverses parties, la richesse extraordinaire et le goût exquis des ornements. Ce portail secondaire étonne à la fois par ses vastes dimensions et par le fini de ses sculptures. Au centre du transept s'élève une belle flèche, qui s'accorde parfaitement avec le

reste du monument. Le chœur s'élance d'une forêt de
piliers, auxquels il se relie par une double et même quadruple rangée d'arcs-boutants enrichis de galeries à jour. Chacun de ces piliers, miniature d'église, a la forme d'une croix
et se termine par quatre tourelles, que surmonte une flèche
chargée de bouquets de fleurs. Pour avoir une idée du soin
qui préside aux travaux, il suffit de remarquer que, depuis
20 ans, on a déjà employé 725 sortes de feuillages pour ces
fleurons et ces crosses végétales.

L'intérieur est encore plus admirable, quoiqu'il n'ait pas
reçu toute sa perfection. La largeur et l'élévation prodigieuse de ces cinq nefs; ces 60 colonnes si légères, si élégantes, avec leurs statues, niches et dais délicatement sculptés, et avec leurs précieux chapiteaux de feuillage; cette belle
galerie à jour et à double rang de colonnettes, qui décore
si richement toute la partie supérieure de la cathédrale; ces
nombreux arceaux fleuronnés qui courent et s'entrelacent le
long des voûtes; cette splendide parure de couleurs et d'or
qui fait merveilleusement ressortir toutes les dentelles, tous
les feuillages, tous les fleurons des nefs, des galeries et des
voûtes; ces trois étages de verrières qui ornent le chœur et
qui orneront un jour tout l'édifice; ces dix immenses vitraux
qui donnent déjà aux nefs une si somptueuse décoration (les
uns, tout resplendissants de lumière, remontent au XVe
siècle, les autres plus éblouissants encore, sont dus à la
munificence du Roi de Bavière); toutes ces magnificences
de détail, qui ajoutent à la perfection de l'ensemble, font
déjà de cette cathédrale le chef-d'œuvre du style ogival. Que
sera-ce, quand ses deux incomparables flèches s'élanceront
à 500 pieds dans les airs? Alors elle n'aura pas d'autres
rivales dans le monde que la basilique de St-Pierre de Rome
et la cathédrale de Milan.

Toutes les chapelles de la cathédrale renferment des

objets précieux; c'est dans la chapelle de l'abside qu'on montre la célèbre châsse où sont déposés les corps des Rois-Mages, reliquaire bizantin, en or massif, étincelant d'arabesques, de perles et de diamants, dont la valeur est estimée de 7 à 8 millions de francs. Tout près, une dalle de marbre recouvre le cœur de Marie de Médicis, mère de Louis XIII, qui mourut à Cologne dans l'exil et la misère. Elle habitait la maison où était né Rubens : les deux inscriptions qu'on lit sur la façade de cette maison constatent son double titre à la curiosité du voyageur. L'église de St-Pierre, dans laquelle Rubens avait été baptisé, possède l'un des chefs-d'œuvre du grand peintre, représentant le martyre de Sᵗ-Pierre, crucifié la tête en bas.

Aix-la-Chapelle est une ville jolie et commerçante. Ses eaux thermales sont toujours fréquentées; mais ses jeux de hasard viennent enfin d'être interdits par le roi de Prusse. Ses anciennes fortifications sont démolies et, à part deux ou trois monuments, on n'y trouve plus aucun vestige de la ville de Charlemagne et des empereurs d'Allemagne. L'hôtel de ville n'est riche qu'en souvenirs ; la grande salle impériale, qu'on restaure en ce moment, possède le plus ancien portrait connu de Charlemagne et l'un des meilleurs portraits de Napoléon Iᵉʳ. La cathédrale, qui relève aujourd'hui de l'archevêque de Cologne, se compose d'un chœur admirable, d'une haute et massive tour qui sert de nef, et d'un portail de divers styles, sans harmonie avec le reste de l'édifice. Le chœur a 58 m. d'élévation ; sa forme et la richesse de ses vitraux lui donnent de l'analogie avec la Sainte-Chapelle de Paris. Le dôme qui écrase cette belle abside, malgré son élévation et ses ornements sans goût, n'a que le mérite d'avoir servi de monument funèbre au grand Empereur.

Au centre, une large dalle de marbre noir, que le passant foule aux pieds sans la remarquer, porte cette inscription : *Carolo Magno*. C'est sous cette pierre que Charlemagne a reposé pendant 350 ans. En 997, l'empereur Othon fit ouvrir son tombeau. On y trouva Charlemagne assis sur un trône de marbre enrichi de lames d'or, paré des ornements impériaux, l'épée au côté, la couronne en tête, les évangiles sur les genoux ; le sceptre et le bouclier étaient à ses pieds ; le manteau impérial recouvrait ses épaules, et la panetière de pélerin, qu'il portait toujours dans ses voyages à Rome, était attachée à sa ceinture. Othon enleva une croix d'or, le trône, la couronne, le sceptre, le globe, le livre des évangiles et l'épée, pour les faire servir au couronnement des Empereurs d'Allemagne. En 1165, Frédéric Barberousse fit ouvrir de nouveau la tombe de Charlemagne et placer son corps dans un sarcophage de marbre et d'or, pour être exposé à la vénération publique. Le trône impérial, fauteuil composé de quatre lames de marbre blanc, a pour siège deux planches de chêne recouvertes d'un coussin de velours. Je me suis permis de sonner du cor de Charlemagne, instrument formé d'une énorme dent d'éléphant, et de toucher le crâne du grand homme, qui est enchâssé dans un buste d'argent et surmonté d'une couronne semblable à celle qu'il portait dans le tombeau. Le chanoine préposé à la garde de ces augustes restes m'affirma que la taille de l'Empereur était de sept pieds, et qu'un bâton d'argent d'une longueur étonnante, qu'il me montra, reproduisait exactement la longueur de son bras. Un os du bras a été incrusté dans un avant-bras d'argent offert par Louis XI.

Au nom de Charlemagne se rattachent encore les nombreuses et inestimables reliques que l'on vénère dans cette cathédrale. Il fit don à cette église de toutes les reliques qu'il avait reçues du patriarche de Jérusalem et du calife Haroun-al-Raschid, ainsi qu'il l'a certifié dans un diplôme délivré par lui-même. Les grandes reliques, objet spécial de la vénération des fidèles, comprennent : une robe de la Ste-Vierge, les langes de l'enfant Jésus dans la crèche, la toile qui ceignit les reins du Sauveur sur la croix, enfin le drap sur lequel St-Jean-Baptiste fut décapité. Ces reliques, dont l'exposition n'a lieu que tous les sept ans, excepté en faveur des têtes couronnées, étaient exposées cette année.

La chaire de la cathédrale est un prodige de la ciselure et de l'orfèvrerie du XIe siècle. C'est une splendide tour de vermeil, ornée des plus précieuses incrustations d'onyx, de cristal de roche et d'ivoire. La basilique, semblable en cela aux églises d'Italie, n'a ni bancs, ni chaises pour les offices, qui s'y font du reste avec la plus grande dignité. L'orgue joue tous les morceaux de plain-chant qui ne sont pas chantés en musique. L'orchestre, placé dans une galerie, se compose de voix d'hommes, de femmes et d'enfants, et de nombreux instruments, dont quelques uns accompagnent toujours le célébrant à la *préface* et au *pater*. Dans toutes les provinces rhénanes on prononce le latin à l'italienne; ainsi *Jesus* se prononce *iésous*, etc.

D'Aix-la-Chapelle à Liège, les sites sont pittoresques et très variés : à Verviers, on franchit en une heure deux rivières et dix tunnels. Liège, ville de 80,000 habitants, sur la Meuse, célèbre par ses hauts fourneaux, ses ateliers de machines à vapeur, ses manufactures d'armes et sa fonderie de canons, est l'une des quatre principales villes de Belgique. Si je fus peu flatté, là comme dans le reste du royaume, de l'aspect des nombreuses constructions en briques, je fus heureux d'y retrouver la langue française généralement parlée. Cette ville a une citadelle, une université moderne, une jolie place ornée de la statue de Grétry, des promenades agréables, un beau palais de justice et plusieurs églises remarquables.

La cathédrale est un vaste et beau vaisseau ogival du

XIIIe siècle, qui a 100 m. de longueur, et dont la voûte est peinte d'arabesques en style de la renaissance, avec des branchages dans lesquels se jouent des oiseaux. L'église de St-Barthélemy, bâtie en 1010, est d'un aspect singulièrement sévère, avec ses vieilles tours noires et crevassées. L'un de ses anciens chanoines s'appelait Mathieu Laensberg, si connu encore aujourd'hui par les almanachs qui portent son nom. C'est dans la belle église de St-Martin, dont la haute tour romane domine la ville, que la sainte prieure Julienne obtint en 1246 l'institution de la Fête-Dieu, qui de là se répandit par toute la catholicité. L'église de St-Jacques est incontestablement le plus beau monument de Liège. Commencée dans le XIe siècle et terminée dans le XVIe, elle offre un magnifique échantillon des divers styles d'architecture, depuis les formes romanes de son portail, jusqu'aux flamboyantes sculptures de son beau chœur et de ses voûtes entièrement peintes, où les arceaux croisés composent un véritable treillis de pierre. Les galeries intérieures et extérieures sont d'une rare élégance, ainsi que les dentelles de pierre qui retombent en double feston de toutes les ogives des nefs.

De Liège à Namur, la ligne de fer côtoie la Meuse, en sillonnant un pays riche et pittoresque. Comme en Lorraine, on y voit vivre en bon voisinage le pommier, la vigne et le houblon. A quelques lieues au sud de la Meuse, la Lesse présente, avant de se jeter dans ce fleuve, un de ces curieux phénomènes qu'il faut aller voir, et qui laissent d'ineffaçables souvenirs. Cette rivière se précipite dans un gouffre insondable, appelé *Trou de Belvaux*, pour traverser une montagne d'où elle sort à une distance de 850 m. en ligne droite, après avoir décrit des sinuosités dont on n'a pu jusqu'ici apprécier la longueur. Avant de se frayer ce nouveau passage, elle s'était creusé dans la montagne un autre

chemin, qu'elle laisse aujourd'hui presque à sec. Cette grotte
offre à ses nombreux visiteurs des spectacles étonnants : lac
ténébreux, qu'il faut passer en barque et à la lueur des tor-
ches, salles hérissées de pointes de roches, voûtes élevées,
labyrinthe inextricable, galeries spacieuses, couloirs étran-
glés, précipices sans fond, monstrueux entassements de
roches, souterrains d'aspect étrange et bien dignes des noms
qu'ils portent : *salle du dôme, défilé du diable, trône de
Pluton, boudoir de Proserpine,* etc. On y rencontre des
masses de stalactites et de stalagmites, qui affectent toutes
sortes de formes, de grandeurs et de nuances. Les riches
couleurs et les mille formes de ces brillants dépôts calcaires
ont mérité à une foule de salles ou galeries les noms de
*corridor de draperies, pyramide, saule pleureur, bénitier,
cascade, mont-blanc, salle du vigneron, sentinelle, salle d'armes,* etc. On y trouve aussi la *grotte d'Antiparos,* assez semblable à la grotte célèbre de l'archipel grec, dans laquelle le
savant Tournefort crut voir les pierres végéter et croître à la
manière des plantes.

Namur est une ville de 25,000 âmes, située au confluent
de la Sambre et de la Meuse. Elle est assez jolie et très
industrielle, mais elle n'a pas de monuments importants.
Son enceinte est fortifiée; sa citadelle surtout est formidable.
Elle couvre les flancs et couronne les sommets des collines
escarpées qui dominent la ville et les alentours, en présen-
tant un front de six batteries superposées. L'éclat d'une
grande fête religieuse, qu'on avait célébrée la veille à
Namur, jetait encore ses reflets sur le jour de mon passage.
Trois évêques et 150 prêtres, suivis de 500 hommes portant des
cierges allumés et d'une foule immense, avaient célébré la
clôture d'un jubilé par une magnifique procession du St-Sacre-
ment dans les principaux quartiers de la ville. J'ai trouvé
les rues encore pavoisées, ornées de reposoirs, bordées d'un

double rang de jeunes sapins, et transformées en longues avenues de verdure et de fleurs.

Entre Namur et Mons s'étend la plaine de Fleurus, illustrée par nos victoires. J'attachais un intérêt particulier à la vue de ce champ de bataille, le premier de ceux que mon père a parcourus. C'était en 1794, dans ce combat sanglant où un aérostat fixé dans les airs, machine de guerre d'un genre nouveau, instruisait Jourdan de tous les mouvements de l'ennemi. Deux ans auparavant, de l'autre côté de Mons, une autre grande bataille avait été gagnée à Jemmapes par le plus célèbre des anciens commandants de Cherbourg, le général Dumouriez.

La ville de Mons tire son nom de l'éminence sur laquelle elle est bâtie, et compte 25,000 habitants. C'est une place forte qui a été, comme Namur, vingt fois assiégée, prise et reprise. Le Hainaut, dont elle est le chef-lieu, est d'une fertilité inépuisable et extrait annuellement des entrailles du sol d'énormes quantités de fer et de marbre, et trois millions de tonneaux de houille. Plusieurs mines ont jusqu'à 500 m. de profondeur et communiquent directement avec les canaux ou rivières, au moyen de chemins de fer souterrains. La province entière est couverte d'usines et d'ateliers de toutes sortes et de toutes formes. Malheureusement l'exploitation des mines est souvent accompagnée de catastrophes. Deux jours avant mon passage, le feu grisou s'était déclaré dans une galerie, d'où l'on avait déjà retiré 60 cadavres. L'église de Ste-Waudru est le principal édifice de Mons. L'élégance de sa construction et la richesse de son architecture ogivale du XVe et du XVIe siècle lui donnent rang parmi les plus beaux temples de la Belgique. Presque entièrement bâtie en marbre gris et en briques, elle a 25 mètres d'élévation sous voûte, 109 m. de longueur, 56 m. de largeur. La superbe tour à laquelle l'architecte voulait donner 190 m. de hauteur, ne monte pas au-dessus des nefs. Les fenêtres du chœur sont ornées de bons vitraux, et les 15 chapelles qui entourent les nefs possèdent des tableaux et des bas-reliefs de mérite.

Bruxelles, chef-lieu du Brabant et capitale du royaume de Belgique, a 125,000 habitants, 160,000 en comptant les faubourgs. Son agréable situation sur le penchant d'une colline et sur la Senne, la régularité de ses rues, la richesse de ses magasins et de ses hôtels, la beauté de ses monuments et de ses promenades, lui assignent un rang honorable parmi les plus jolies cités de l'occident de l'Europe.

La collégiale qui a reçu le nom de Ste-Gudule, nièce de Pepin-de-Landen, est la seule église monumentale de Bruxelles. Elle est de tous les styles et de tous les âges : le chœur appartient au style de transition et au style ogival primaire ; l'ensemble de l'édifice est du style ogival secondaire ; plusieurs chapelles et ornements extérieurs ont tous les caractères du style flamboyant et même de la renaissance. Malgré ce défaut d'unité, Ste-Gudule est un magnifique vaisseau à trois nefs, dont la longueur est de 100 m. Les tours s'élèvent avec autant d'élégance que de majesté à la hauteur de 70 m. La façade est décorée de statues. En souvenir de quelque tradition populaire, ou par une de ces fantaisies dont on voit de fréquents exemples, l'artiste y a représenté dans le groupe principal St-Michel protégeant Ste-Gudule contre le diable qui, pour mettre obstacle à son active piété, cherche avec un énorme soufflet à éteindre la lumière de la lanterne qu'elle tient à la main.

A l'intérieur, les vitraux du chœur et du transept méritent d'être remarqués. La chaire est peut-être la plus belle de toute la Belgique, où cependant la plupart des chaires des grandes églises déploient un luxe étonnant. Dans le beau groupe de marbre qui est au-dessous, on reconnaît

Adam et Eve, poursuivis par la Mort; sur le dais ou couronnement, la Ste-Vierge écrase sous le pied de la croix la tête du serpent; le double escalier qui conduit à la tribune sacrée est formé de troncs et de branches d'arbres, sur lesquels sont perchés une foule d'animaux symboliques et autres; un aigle, une autruche, un coq, un paon, un renard au raisin, même un singe vidant son coco, et un écureuil grignotant sa noix; tout cela de grandeur et d'attitudes naturelles, et d'un fort beau travail. Cette splendide décoration de la chaire s'harmonise heureusement avec la richesse de la nef et des colonnes qui sont ornées des statues colossales des douze apôtres. Dans la petite église du Sablon, on voit avec intérêt la somptueuse chapelle funéraire de la famille de Tour-et-Taxis, une autre chapelle revêtue d'incrustations en bois imitant les marbres de tous les pays, enfin la modeste tombe de Jean-Baptiste Rousseau.

L'hôtel de ville forme un carré dont la façade principale est la seule qui soit richement décorée. Ses deux étages sont percés d'une multitude de belles fenêtres avec meneaux et ses angles sont ornés d'élégantes tourelles. Au centre de cette façade s'élève la tour, monument inimitable, dit **M.** de Caumont, chef-d'œuvre de hardiesse et de légèreté. Carrée à la base, plus haut octogone, partout à jour, elle soutient à peine un escalier qui se tord sur lui-même, pour monter jusqu'à la statue de St-Michel, statue colossale qui obéit au moindre souffle du vent et qui couronne la pyramide, à la hauteur de 97 m. au-dessus du pavé de la grande place.

Cette place emprunte un caractère spécial de distinction à son magnifique hôtel de ville et à la Maison-du-Roi qui lui fait face; mais aussi aux curieuses maisons qui l'entourent, et qui ont toutes le pignon pour façade. J'ai vu beaucoup de pignons sur rue dans nos villes du nord et de l'est, en Bel-

gique et sur les bords du Rhin ; nulle part ils n'ont la même
richesse que sur cette place. Plusieurs sont chargés de
sculptures : on remarque surtout la Maison-des-Bateliers,
dont le pignon représente la poupe d'un navire du XVIIe
siècle, et la Maison-des-Brasseurs, qui s'est fait une façade
d'or avec les produits du *Faro*, et qui est surmontée à la
hauteur du cinquième étage, d'une statue équestre de grandeur naturelle.

Le Palais du Roi a fort peu d'apparence et se compose de
deux hôtels autrefois séparés par une rue. Le superbe parc
qui s'étend vis-à-vis est parsemé de statues, au milieu desquelles se distingue le monument funèbre érigé par les Belges à la mémoire du général Belliard, ambassadeur de France,
mort à Bruxelles en 1832. La place Royale est décorée de
la statue équestre de Godefroi de Bouillon, originaire du
Brabant. Au centre de la place dite des Martyrs, s'élève depuis
1830 la colonne de la Liberté, en souvenir de l'indépen-
dance de la Belgique. Une fontaine, d'ailleurs fort peu monumentale, mérite d'être citée comme exemple des caprices
populaires. La statuette assez peu décente qui la surmonte
représente un enfant que les Bruxellois appellent le plus
ancien bourgeois de la ville. Des soldats français ayant tenté de
l'enlever en 1747, on assure que, pour calmer l'esprit public,
Louis XV nomma cet enfant de bronze chevalier des ordres
royaux et lui fit présent d'un chapeau et d'une épée qu'il
porte encore aux jours de fête.

Au moment où je me disposais à quitter Bruxelles, mon
attention fut excitée par les joyeuses fanfares qui partaient
d'une vaste diligence chargée de voyageurs et emportée par
le galop de cinq coursiers vigoureux. Je lus à l'arrière ces
trois mots en lettres d'or : *Victoria-Bruxelles-Warterloo.*
C'est un service qui se fait tous les jours pendant la saison
d'été et qui porte une foule de touristes, d'anglais surtout,

au champ funèbre de Waterloo. Cette plaine qui fut un jour inondée de sang, se couvre aujourd'hui de moissons dorées ; il paraît qu'elle garde encore, debout ou en ruine, quelques uns des édifices qui furent témoins de ce terrible drame. Le roi des Pays-Bas a élevé au hameau du Mont-St-Jean une butte artificielle de 50 m., du haut de laquelle un lion gigantesque regarde la France, en tenant orgueilleusement la patte levée sur un globe.

Louvain, qui comptait autrefois 100,000 âmes et, dit-on, 4,000 métiers de tisserands, n'a plus que 30,000 habitants dans sa vaste enceinte. Sa principale industrie est la fabrication d'une sorte de bière, dont il se débite annuellement plus de 200,000 tonneaux. Son université remonte à 1426 ; c'est la plus célèbre et la plus fréquentée du royaume. Son musée possède plusieurs chefs-d'œuvre de l'école flamande. L'hôtel de ville, dont les arts sont redevables à Mathieu de Layens, n'a pas de tour centrale ; mais il est du reste bien supérieur à celui de Bruxelles. Le rez-de-chaussée et les deux étages sont également ornés sur la façade et sur les côtés. Aux angles et au centre des pignons, des tourelles découpées à jour et garnies de balcons s'élancent au-dessus des toits comme d'élégants minarets, et se relient entre elles par une délicieuse galerie qui court le long des pignons et des toits. Ajoutez à la richesse de cet aspect général, la perfection des détails, une multitude de colonnettes, d'archivoltes et de guirlandes, et quatre étages de niches destinées à recevoir les statues des grands personnages. Le dais de ces niches ressemble à une couronne de feuillages et de dentelles, tandis que leur base reproduit en groupes délicatement sculptés toutes les belles scènes de l'Histoire Sainte. Ce merveilleux monument est le *Nec plus ultrà* du style ogival fleuri. On dirait une châsse pétrifiée.

Il n'est pas possible de visiter la curieuse église de

Saint-Pierre , sans remarquer les belles et grandes proportions de sa structure ogivale , la délicatesse de travail de son jubé, la perfection des ciselures de son magnifique tabernacle en forme de tour gothique, le nombre et le mérite supérieur de ses tableaux de l'ancienne école flamande, enfin les splendides sculptures de sa chaire. L'artiste a su réunir avec goût dans ce vaste sujet une vigne immense, deux palmiers de 8 à 9 m. de hauteur, des anges, St-Pierre et son coq, le blessé de Jéricho et le Samaritain qui le monte sur son cheval. Les autres églises ne sont pas beaucoup moins riches en objets d'art. Ste-Gertrude possède une haute et belle flèche carrée, tout entière en granit et ornée de crosses végétales depuis la base jusqu'au sommet. Les stalles en bois de chêne sont fouillées avec une prodigieuse délicatesse de ciseau ; les 28 scènes de la Passion qui y sont représentées sont encadrées de feuillages si bien découpés et si parfaitement imités, qu'ils semblent prêts à s'agiter au plus léger souffle. A St-Michel, les murs des nefs disparaissent presque entièrement derrière les confessionnaux sculptés avec magnificence et les tableaux de chemin de croix, les plus grands et les plus beaux que j'aie vus.

Dans plusieurs églises belges, un crucifix d'une grandeur étonnante est fixé à demeure sur le bord même de la chaire. Souvent aussi on dresse dans une chapelle ou bien le long des murs un ou même deux calvaires, sur lesquels on voit J.-C. revêtu d'une longue robe rouge ou verte, semée de larmes. Cet usage est surtout fréquent à Louvain. C'est dans cette ville que j'ai rencontré la dernière des grandes foires dont j'avais remarqué l'étalage dans les principales villes de la Belgique et des bords du Rhin. Ces foires, qui durent deux, trois et jusqu'à quatre semaines, cessent d'être fréquentées par le haut commerce et perdent chaque année de leur importance.

Malines, ville de 30,000 habitants, avantageusement connue pour ses dentelles et sa chapellerie, est la métropole religieuse du royaume. La cathédrale de St-Rombaud, belle et vaste église à trois nefs ogivales, appartient généralement au XVe siècle. La voûte a 30 m. d'élévation ; la tour, dont les dimensions sont colossales, se dresse avec une majesté et une sobriété d'ornements dont j'ai trouvé peu d'exemples, et s'arrête brusquement à la hauteur de 98 m. Le cadran, qui marque l'heure sur les quatre côtés à la fois, mesure 15 m. de circonférence. La chaire n'est pas moins monumentale que celles de Bruxelles et de Louvain ; les autels et les colonnes des nefs sont ornés de belles statues. Cette basilique et plusieurs autres églises sont riches de sculptures et de peintures de choix, parmi lesquelles on admire un superbe Christ en ivoire de Duquesnoy, la Pêche miraculeuse de Rubens, et le meilleur des treize tableaux dans lesquels il a peint l'Adoration des Mages.

C'est à Aix-la-Chapelle et à Malines que j'ai remarqué le plus de statues de la Ste-Vierge et de calvaires exposés dans les rues, avec ou sans lumière pendant la nuit, mais presque toujours avec des inscriptions entremêlées de majuscules coloriées qui servent de chronogrammes. Je n'ai pas visité une seule église, soit en Belgique soit en Allemagne, sans y voir placé en évidence un tronc destiné à recueillir le *Denier de St-Pierre.* Dans les provinces Rhénanes, le clergé ne porte ordinairement la soutane que dans les églises ; en dehors de l'enceinte sacrée, il est revêtu d'une très longue redingote noire. En Belgique, le petit manteau est le complément obligé du costume ecclésiastique. A Malines, le clergé porte en guise de rabat un petit col bleu-clair, qu'il replie sur la soutane ; dans les autres diocèses, le collet blanc se porte avec ou sans le rabat français. Partout le prêtre est revêtu de l'étole et de la barette pour l'administration du sacrement de pénitence.

Anvers, qui compte environ 100,000 habitants, l'emporte sur toutes les cités belges par la beauté de son port et l'étendue de son commerce maritime, par l'importance de sa citadelle, par le nombre et la perfection de ses tableaux et de ses monuments religieux. Cette ville est la patrie de Jordaens, des deux Téniers, de Van Dyck, et de plusieurs autres artistes et historiens célèbres. C'est la ville natale de l'un des membres les plus zélés de notre Société académique, M. Le Chanteur de Pontaumont, inspecteur de la marine. Le père de notre honorable trésorier-archiviste, M. Le Chanteur, duquel un écrivain distingué a pu dire qu'il était « l'honnête homme aimable, la grâce exquise dans la sévère probité » remplissait sous l'Empire les fonctions de commissaire principal de la marine à Anvers. Ami des beaux-arts et membre honoraire de l'académie de peinture de cette ville, il y fit l'acquisition de nombreux tableaux de Jordaens, de Rubens, etc., qu'il a donnés en partie aux églises de St-Pierre-Azif, sa paroisse natale, de Honfleur et du Rozel. L'église de Notre-Dame-du-Vœu et la chapelle de l'Hôpital maritime de Cherbourg doivent aussi à sa générosité deux tableaux de l'école d'Anvers, qui représentent Jésus-Christ en croix et la Décollation de Saint Jean-Baptiste.

L'Escaut n'a pas moins de largeur à Anvers que le Rhin à Cologne, et de plus il offre, à 25 lieues de la mer, assez de profondeur pour recevoir les vaisseaux de premier rang. Les vastes et profonds bassins qui s'avancent dans la ville et que l'on vient de prolonger pour les besoins du commerce au-delà des anciennes fortifications, pourraient contenir une flotte entière. Ces avantages exceptionnels font du port d'Anvers l'un des plus importants de l'Europe. On sait que Napoléon voulait y fonder son grand arsenal maritime, et que Carnot y soutint en 1814 un siége glorieux contre les anglais. La ville possède plusieurs belles places, des rues bien bâties, un grand nombre de maisons avec pignon sculpté sur rue. Dans toutes les villes belges, on voit s'avancer en dehors des maisons des glaces inclinées qui transmettent à l'intérieur la vue de la rue entière ; ces glaces abondent dans les principales rues d'Anvers. Une belle statue décore la place Verte ; c'est la statue de Rubens, le grand homme de cette ville des beaux arts. Vingt de ses meilleurs tableaux forment la galerie d'honneur du musée, qui renferme beaucoup d'autres chefs-d'œuvre de l'école flamande.

La cathédrale est le plus grand et le plus somptueux des temples de la Belgique. C'est une splendide église ogivale du XVe et du XVIe siècle. Sa flèche magnifique, chef-d'œuvre d'Appelmans, s'élève à la hauteur de 123 m. et n'est aujourd'hui surpassée que par celle de Strasbourg. Elle contient 43 cloches pour les divers offices religieux et 40 autres pour le carillon. La longueur de l'édifice est de 117 m.; sa largeur de 50 m.; elle est de 65 m. au transept. De toutes les églises que j'ai vues, c'est la seule qui ait sept nefs. Ces larges nefs se réduisent à trois à la hauteur du chœur et sont remplacées par d'immenses chapelles. Au centre de la croix s'élève un dôme élégant et à jour. Le crucifix ne repose point comme ailleurs sur une arcade; il est suspendu à la voûte, ainsi que les deux reliquaires qui l'accompagnent, au moyen de deux chaînes. On admire dans cette grandiose basilique trois chefs-d'œuvre de Rubens : l'Assomption, vaste composition terminée en seize jours ; l'Érection de la croix, en trois panneaux; enfin la célèbre descente de croix. Cette œuvre capitale du grand maître forme le panneau central d'un triptyque, dont il a orné les volets de quatre sujets distincts. La chaire s'appuie sur quatre statues représentant les quatre parties du monde. Les délicates sculptures de cette chaire et des boiseries du chœur sont dignes de la majesté du temple et de ses peintures merveilleuses. Les confessionnaux, qui sont si luxueux en Belgique, et dont chaque montant est orné d'une belle statue d'ange, de prophète, d'apôtre ou d'évangéliste, m'ont paru plus splendides dans cette cathédrale que partout ailleurs. Pour être parfaitement belle, il ne manque à Notre-Dame d'Anvers que de voir achever sa seconde flèche, compléter ses vitraux et démolir les maisons qui entourent le chœur.

Presque toutes les autres églises possèdent de précieux objets d'art. La plus remarquable après Notre-Dame est l'église de St-Jacques, beau temple gothique de 100 m. de longueur et de 50 m. de largeur. Son colossal jubé serait admirable s'il n'avait pas le défaut de trop masquer le chœur. Les chapelles, les colonnes, les murailles sont tapissées de statues et de tableaux. La chapelle de l'abside, connue sous le nom de chapelle de Rubens, renferme le tombeau du grand artiste et un fort beau tableau de la Ste-Vierge, aux pieds de laquelle il s'est peint lui-même, ainsi que tous les membres de sa famille. L'église de St-Paul, moins distinguée comme monument, est peut-être plus riche encore en sculptures et en tableaux d'élite. L'autel seul a coûté 140,000 fr. Autour de cette église, une enceinte réservée, appelée Calvaire, réunit une multitude de statues et de groupes de grandeur naturelle, représentant les principaux personnages et les grandes scènes de la religion : anges, patriarches, prophètes, apôtres, Marie, Joseph, Lazare et ses sœurs; paradis terrestre, puits de Jacob, jardin des oliviers, agonie, crucifiement et sépulture de J.-C., etc.; tout s'y trouve reproduit avec autant de goût et de vraisemblance qu'il est possible dans un sujet si difficile et dans un espace nécessairement trop resserré.

Je fus frappé de la pompe extraordinaire que je vis déployer à St-Paul pour une inhumation de 3e classe. Le char

funèbre était tout entier d'une richesse inouïe; il y avait surtout dans le couronnement une telle profusion de sculptures
et d'or, que je ne trouvai rien de comparable à son éclat,
sinon les splendides voitures de cérémonie de nos Souverains. La même pompe se manifeste dans toutes les solennités religieuses; et j'aurais peine à décrire tout le luxe de
draperies, de velours, de broderies d'or, de statues et de
lumières que j'ai vu déployer dans plusieurs églises, à l'occasion
de la fête de Notre-Dame-des-Sept-Douleurs. Les grandes
églises belges se distinguent aussi par un luxe étonnant de
sonnerie. Ainsi, à Anvers, outre le carillon qui se renouvelle
à chaque quart-d'heure, le marteau de l'horloge répète
l'heure après avoir sonné la demie, mais sur une cloche
moins forte que celle qui marque les heures.

Gand, patrie de Charles-Quint et chef-lieu de la Flandre
occidentale, forme un triangle avec Anvers et Bruxelles.
C'est chose remarquable de voir ainsi rapprochées, et à
quelques lieues seulement l'une de l'autre, ces trois villes
dont la moins peuplée renferme 100,000 habitants. Gand,
qui dès le moyen-âge était presque aussi célèbre par son
industrie que la ville d'Anvers par son prodigieux commerce,
est encore aujourd'hui la première cité manufacturière du
royaume. Cette grande et belle ville est située au confluent
de deux rivières, coupée en 26 îles et percée de 300 rues.
Elle est renommée pour la beauté de son jardin botanique
et les richesses de son horticulture. Le Beffroi est surmonté
d'un dragon que l'on prétend avoir été apporté de Constan-
tinople par l'empereur Baudouin, comte de Flandre. Près de
la place principale, on voit exposé sur un grossier affût un
énorme pierrier qui remonte au XIVe siècle, époque de l'enfance de l'artillerie. Il se compose de trente longues barres
de fer, ayant de 6 à 7 centimètres de face en tous sens,
reliées dans toute leur longueur par deux, trois ou même

quatre rangs de cercles épais. Il a 6 m. de long, 5 m. 50 c.
de circonférence et pèse 16,000 kilog. Il s'est signalé
autrefois dans les sanglantes luttes de la commune, et il
porte encore le nom de Merveille de Gand.

La cathédrale de St-Bavon est une vaste et somptueuse
église, presque entièrement ogivale, commencée dans le
Xe siècle, et terminée dans le XVIe. Ses voûtes sont très élevées et sa tour massive n'a pas moins de 85 m. de hauteur.
La chaire, qui a coûté 80,000 fr. et qui est en acajou, ainsi
que les quatre longues rangées de stalles du chœur, reproduit l'arbre de vie admirablement sculpté. Elle est ornée de
quatre statues de marbre : deux anges gardent la double
entrée de la chaire, au-dessous de laquelle on voit la Vérité
se dévoiler au Temps. Le maître-autel est décoré d'un
beau groupe en marbre blanc qui représente J.-C. en croix
et Madeleine à ses pieds, et qui se dessine heureusement
entre les colonnes de l'abside. La merveille de cette cathédrale, aussi belle de formes que riche de peintures et de
sculptures, est le célèbre tableau de l'Agneau recevant les
adorations des saints de l'ancien et du nouveau Testament.
Cette magnifique toile où l'on voit groupés avec tant de
fraîcheur et une vérité si frappante les monuments
et les personnages de tous les âges et de toutes
les parties du monde, représente la scène principale d'un
vaste poëme religieux en douze tableaux. Ce chef-d'œuvre
des frères Van Eyck est un objet d'admiration depuis 450
ans. Autour du chœur sont appendus les écussons des Che-
valiers de la Toison-d'or, qui tinrent dans cette cathédrale
leur dernier chapitre en 1559, sous la présidence de Phi-
lippe II, roi d'Espagne. Les autres églises de Gand sont
ornées d'une foule d'excellents tableaux et des meilleures
sculptures de Duquesnoy.

Le Béguinage de cette ville est le plus considérable qui

soit en Belgique. Cette institution remonte au VIIe siècle et doit son origine à Ste-Beggue, fille de Pepin-de-Landen. C'est une communauté de six à sept cents femmes, qui ne sont liées cependant par aucun vœu. Chacune d'elles vit du travail de ses mains et habite, au milieu d'une vaste enceinte coupée de plusieurs rues, une petite maison isolée sur la porte de laquelle est inscrit un nom de saint ou de sainte. Elles se réunissent seulement pour les exercices de piété et, en entrant dans leur église, elles se couvrent d'un long voile de coton blanc qui les enveloppe de la tête à la ceinture pendant toute la durée des offices.

Quoique Bruges ne soit plus cette florissante cité qui, sous les ducs de Bourgogne, au XVe siècle, réunissait les maisons consulaires de dix-sept nations, et qui vit en un même jour 150 navires étrangers entrer dans son port, c'est encore une fort belle ville de 50,000 habitants, située au confluent de plusieurs canaux et remplie de somptueux monuments. Le Beffroi, magnifique tour gothique du XIIIe siècle, a 108 mètres d'élévation et renferme le plus beau carillon de la Belgique et peut-être de l'Europe. Il contient 48 cloches, dont la plus grosse pèse 9,000 kilogr.; le cylindre en cuivre est percé de 30,000 trous destinés aux chevilles qui font jouer 190 marteaux. Ce carillon a coûté 500,000 fr. Comme ceux de toutes les villes de la Belgique et du nord de la France, il joue tous les quarts d'heure et ne donne que quatre airs dans l'espace d'une année, un pour le quart, un autre pour la demie, et ainsi du reste. J'avoue que ce luxe de musique monotone finissait par m'être peu agréable.

On dit que la cathédrale de St-Sauveur eut primitivement St-Éloy pour fondateur. Une belle statue en marbre représente au pied de la chaire le saint architecte tenant le plan à la main. L'église est de plusieurs époques et de styles divers. Sa haute tour carrée est ornée de douze tourelles romanes. Les nefs latérales appartiennent à l'enfance du gothique ; le chœur et la grande nef sont seuls d'une belle architecture ogivale. Son massif jubé est tout entier revêtu de marbre. Les chapelles possèdent de bons tableaux et quelque belles sculptures.

L'église de Notre-Dame est, comme la cathédrale, complètement isolée, construite en briques, pavée en marbre et privée de vitraux de couleur. Sa tour énorme et sans goût est surmontée d'une pyramide fort haute et légèrement inclinée, qui sert de point de direction aux navigateurs de la mer du Nord. Les murs des bas-côtés sont si élevés, qu'ils nuisent à l'aspect extérieur du vaisseau principal. La grande nef, aussi vaste que belle, a 100 m. de longueur et 50 m. d'élévation sous voûte. L'élégance et la richesse de ses colonnes et de ses formes ogivales frappent d'autant plus le spectateur, que les galeries supérieures sont en plein-cintre et que les nefs latérales affectent la plus grande simplicité. La chaire est d'un bon ciseau ; les confessionnaux sont chargés de sculptures jusqu'à l'excès. Ainsi l'un d'eux présente, au milieu de trois autres statues, la statue de Ste-Anne portant dans ses bras la Ste-Vierge, qui porte elle-même l'enfant Jésus. Le jubé, les autels, les chapelles, tout est couvert de marbre et enrichi de sculptures et de tableaux. Mais tout s'efface devant le célèbre groupe de la Vierge avec l'enfant Jésus ; Horace Walpole a inutilement offert 500,000 fr. de ce beau marbre, où respire le génie de Michel-Ange. On admire aussi le tombeau de Charles-le-Téméraire et surtout celui de sa fille, Marie de Bourgogne. Leurs belles statues en bronze doré sont couchées sur de splendides sarcophages en pierre de touche ; sur toutes les faces des deux mausolées, de ravissantes statuettes d'anges soutiennent un arbre généalogique, où sont suspendus les 80 écussons émaillés de leurs ancêtres.

L'hospice St-Jean possède les plus rares tableaux de
l'ancienne école flamande, dus au pinceau d'Hemling. Les
trois chefs-d'œuvre les plus admirés sont : le Mariage
mystique de Ste-Catherine, le triptyque consacré à l'Adoration des Mages, enfin les quinze médaillons qui décorent la
merveilleuse châsse de Ste-Ursule et qui reproduisent l'histoire de sa vie et de sa mort avec tout le charme de la
poésie, du sentiment religieux et de la plus minutieuse
perfection. J'ai pu visiter aussi la chapelle du Saint-Sang,
et y adorer les gouttes du sang de J.-C. apportées de Jérusalem au temps des croisades par Thierry, comte de Flandre, et
par lui déposées dans cette chapelle. De l'oratoire primitif, il ne
reste plus qu'un joli minaret, qui couronne la chapelle actuelle.
Cette chapelle, de style ogival flamboyant, a de bons vitraux;
mais ils ont moins de prix que la châsse du Saint-Sang,
œuvre remarquable d'orfèvrerie, enrichie de pierres précieuses.

L'hôtel de ville mérite de fixer l'attention par l'élégance
de sa construction gothique, par le nombre et la délicatesse
des niches, dais et statues de sa façade, enfin par les tourelles élancées et les anges en bronze doré qui surmontent les
toîts. Le palais de justice a conservé un riche souvenir de
son ancienne splendeur; c'est une cheminée grandiose, har-
monieux mélange de bois, de pierre et de marbre, véritable
chef-d'œuvre de la sculpture du XVIe siècle et du style de la
renaissance. Tout le bas est en pierre de touche; la partie
supérieure est ornée de médaillons en marbre représentant
l'histoire de Suzanne et de cinq grandes statues princières,
qu'entourent une foule de génies, d'armoiries et d'ornements de toutes sortes, du meilleur goût et du travail le
plus fini.

On voit aussi à Courtrai une cheminée monumentale,
composée de trois galeries superposées. Elle est ornée de

statues en bois et en marbre, et d'une profusion de sculptures en style flamboyant. L'artiste y a reproduit, dans le goût
de l'époque, plusieurs sujets ou emblèmes religieux : le
supplice des damnés dans les flammes de l'enfer, le
mauvais riche appelant Abraham, etc. C'est sous les murs
de cette ville que l'armée française commandée par Robert
d'Artois perdit en 1302 contre les Flamands la fameuse
bataille des éperons d'or. Les églises de Notre-Dame et de
St-Martin sont chargées de marbres, ornées de tableaux et
enrichies de plusieurs belles sculptures. J'y ai particulièrement remarqué une chaire ornée de douze ou quinze statues
d'anges et un tabernacle gothique de 10 m. de hauteur qui,
selon un usage assez fréquent en Belgique, est isolé et
comme suspendu entre deux des arcades latérales du chœur.
Les tours des églises, les places et les rues de la ville
étaient encore pavoisées au moment de mon passage, en
souvenir du séjour que le roi Léopold y avait fait huit jours
auparavant. Dix longues rues étaient garnies des deux côtés
d'une forêt de jeunes arbres verts, plantés à quatre mètres de
distance, reliés entre eux par des guirlandes et décorés
d'oriflammes.

Tournai, antique capitale des Francs, vit naître Clovis et
mourir son père Childéric. Le tombeau de ce prince y fut
découvert en 1655. Parmi tous les insignes royaux qu'il renfermait, on trouva un grand anneau d'or servant de cachet,
qui portait la figure du Roi, avec ces mots gravés en exer-
gue : *Childerici regis*. Cette ville, qui compte aujourd'hui
30,000 habitants, a de jolis quais sur l'Escaut, des rues bien
bâties et une bonne citadelle.

La cathédrale est, après Notre-Dame d'Anvers, la plus
vaste et la plus monumentale des basiliques belges. L'extérieur est d'une majesté sévère ; les cinq tours carrées et mas-
sives qui pèsent sur le centre et sur les quatre angles du

transept sont même d'un aspect disgracieux. Mais dès qu'on pénètre dans l'enceinte, on est frappé d'étonnement, en contemplant les grandioses et mystérieuses perspectives qui se déroulent sur tous les points, et l'on admire les belles proportions du monument et les mille détails qui ne cessent d'exercer la sagacité des savants. La longueur du temple est de 147 m.; sa hauteur sous voûte de 55 m.; elle est de 49 m. sous la lanterne; sa largeur au transept est de 65 m. Le chœur, ses bas-côtés et leurs chapelles appartiennent au XIIe siècle et sont justement renommés pour leurs colossales dimensions et pour la hardiesse et les heureuses proportions de leur style ogival primaire. Le reste de l'édifice, qui est moins élevé, avait été construit dans les siècles précédents et dans toute la perfection du style roman. Le transept surtout est fort remarquable par les bas-côtés qui l'entourent et par ses belles voûtes qui s'arrondissent aux extrémités et se terminent en abside à double étage. La vaste galerie qui règne comme à Notre-Dame-de-Paris sur toute la largeur des nefs latérales, ajoute encore à l'étendue et au caractère imposant de la cathédrale. Le jubé, dont la hauteur et la largeur sont proportionnées à son épaisseur de cinq mètres, est riche de lames et de sculptures de marbre; mais, ici comme dans la plupart des églises à jubé, cette masse, qui sépare le chœur du reste du temple et brise la perspective, me paraît également nuire à l'aspect général du monument et à la solennité des offices.

Cette cathédrale d'architecture si splendide, dont le pavé même est un beau parquet de marbre, a fort peu de tableaux et de vitraux de couleur : les seules verrières qu'elle possède ornent les galeries supérieures du chœur, et représentent les donations et quelques épisodes de la vie de nos rois Chilpéric et Sigebert. Parmi les objets précieux de son trésor, on distingue une belle chasuble, en velours rouge

avec broderies or et soie, offerte par St-Thomas de Cantor-
béry, et un riche manteau impérial donné par Charles-
Quint et transformé en chape.

Telles sont les impressions que j'ai reçues, les beautés de
la nature et des arts qui ont captivité mon attention et souvent excité mon admiration dans les provinces baignées par
le Rhin et l'Escaut. Le Rhin m'a offert des perspectives
indescriptibles et la cathédrale de Cologne est restée à mes
yeux le type le plus parfait du style ogival, l'expression du
beau idéal de l'architecture religieuse. La Belgique vient de
m'apparaître à son tour belle de génie et d'ardeur, revêtue
d'un manteau d'or et tout étincelante de pierreries. Remarquable par son esprit religieux et sa civilisation, par l'inépuisable fécondité de son sol et de ses mines, par le prodigieux développement de son commerce et de son
industrie, par le nombre et l'opulence de ses populeuses
cités, par la somptueuse architecture, les riches sculptures,
la brillante orfèvrerie de ses temples et de ses monuments
civils, enfin par les 75,000 tableaux disséminés dans ses établissements publics, cette petite contrée peut rivaliser, pour
la prospérité matérielle, avec les plus grands et les plus
beaux pays du monde ; tandis que, au point de vue artistique,
son culte pour les beaux arts et ses nombreux chefs-d'œuvre lui méritent le premier rang après l'Italie.

Le Nord de la France ressemble assez à la Belgique. On
y trouve même fertilité du sol, même abondance d'usines et
de produits industriels, même prospérité, même luxe de
fortifications, mêmes souvenirs de guerres.

La ville de Maubeuge est située sur la Sambre et connue
par ses hauts-fourneaux. J'y pris à mon retour quelques
jours de repos dans une cordiale hospitalité de famille. La
maison que j'habitais porte encore l'empreinte des boulets
vainement lancés par l'ennemi dans le siège de 1815. Le

chef de la famille, vénérable octogénaire, n'avait jamais vu, avant cette froide et pluvieuse année, la vigne refuser son fruit. Autour de cette place forte, on voit les champs de Malplaquet, où Villars fut vaincu par Marlborough, et les hauteurs de Wattignies célèbres par la victoire de Jourdan sur le prince de Cobourg. A quelques lieues de là, la petite ville d'Avesnes possède une tour de 100 m. de hauteur, qui repose sur quatre piliers seulement, et un carillon qui joue moitié plus souvent que tous les carillons belges.

Cambray, patrie de Dumouriez, n'a plus la belle cathédrale de Fénelon ; celle qui lui a succédé fut même l'an dernier dévorée par les flammes. On y voit encore un assez mauvais tombeau de l'illustre archevêque. Il ne reste de l'ancien palais archiépiscopal qu'un portique à trois entrées ornées de sculptures, sur lequel on lit ces deux devises : *A gladio pax. A clave justitia.*

Dans les environs de Lille, toute la plaine est hérissée de moulins à vent et d'une forêt de hautes cheminées d'usines. Lille, ancien chef-lieu de la Flandre française, a l'aspect, l'opulence et la nombreuse population des grandes cités belges. Comme dans ces villes, les rues sont larges et bien bâties, et la plupart des maisons ont des caves habitées : les caves de Lille sont peuplées de 15,000 artisans. Cette grande ville de guerre est fière de la puissante citadelle que Vauban lui a construite. Ses portes sont monumentales. L'une de ses belles places est ornée d'une colonne surmontée d'une statue : c'est un hommage rendu *Aux Lillois de 1792,* en mémoire de leur courage civique. Une autre place est décorée d'une statue de bronze, avec cette inscription : *Le général Négrier, mort glorieusement à Paris, en juin 1848.* Les églises de cette ville n'ont rien de remarquable, excepté quelques chaires richement sculptées. Les offices religieux s'y célèbrent avec beaucoup de pompe : ainsi, pour

toute solennité funèbre, le catafalque se compose d'un vaste
dais orné de draperies et de franges de deuil ; au-dessus, une
couronne suspendue à la voûte laisse tomber d'amples draperies qui vont se fixer aux colonnes du transept. Les
Musées de la ville sont très riches. A côté des belles toiles
de Rubens, de Paul Véronèse, de Van Dyck, etc., on voit 68
dessins authentiques de Raphaël et 197 de Michel-Ange.
Lille et Valenciennes, autre ville du département du Nord,
ont la réputation d'être, avec Lyon, Bordeaux, Grenoble et
Dijon, les villes de France restées les plus fidèles au culte des
beaux arts.

Arras a vu naître Robespierre et Lebon, qui l'ensan-
glantèrent pendant la Terreur. L'hôtel de ville, bel édifice
gothique, est surmonté d'un beffroi monumental. Les deux
places de la ville haute sont entièrement bâties en arcades
et rappellent la domination espagnole. La cathédrale est
une vaste et belle église grecque, à laquelle on parvient, du
côté du grand portail, en franchissant un escalier de 48
degrés. Si l'on veut voir un bijou d'architecture ogivale, il
faut visiter la petite église du Sᵗ-Sacrement. Toutes les
sculptures de cette chapelle sont d'un travail délicieux ;
l'autel, le rétable, tout le sanctuaire, sont ornés de statues
à demi-voilées par des draperies et de véritables dentelles
de pierre. Les vitraux en grisaille et les beaux dessins des
marbres dont la chapelle est pavée complètent la décoration
de ce gracieux monument.

Amiens est une jolie ville de 55,000 habitants. Patrie
de Pierre-l'Ermite, elle a élevé au prédicateur de la première
croisade une belle statue auprès de la cathédrale. Cette
cathédrale est l'un des plus beaux, peut-être même le plus
remarquable des monuments religieux de France. Sa longueur est de 158 m.; sa largeur de 46 m., elle est de 70 m.
à la croisée; sa hauteur sous voûte est de 44 m. Quoique

son élégant clocher central ait 130 m. d'élévation, il ne
peut être mis au rang des flèches monumentales de Chartres,
de Strasbourg, d'Anvers, etc. Commencée en 1220 sous
l'épiscopat d'Evrard de Fouilloy et terminée en cinquante
ans, d'après les plans et en partie sous la direction de Robert
de Luzarches, cette basilique n'offre point les disparates de
style que nous avons signalées dans la plupart des plus beaux
édifices, et présente un ensemble d'une merveilleuse harmonie et d'une perfection presque sans rivale. Cependant le
portail du nord est trop nu. La façade principale laisse elle-
même à désirer : elle a moins de largeur que les nefs, et
ses deux tours, si belles d'ailleurs, sont inégales et manquent d'élévation. Mais quelle profusion de colonnes, de
dais et d'aiguilles, de guirlandes et de crosses végétales dans
toute cette brillante façade ! Quelle multitude de statuettes
et de statues colossales sur la façade et dans toutes les vous-
sures de ses trois profonds portiques ! Quelle magnificence
dans les rosaces du portail et des transepts ! Quelle élégance
dans les clochetons qui ornent le chœur et les nefs !

L'intérieur est peut-être plus parfait encore que l'extérieur. Dans aucun temple les voûtes ne sont plus légères et
plus hardies, les courbes plus gracieuses, les nervures et les
clefs plus délicatement ciselées. On admire l'élégance et les
riches proportions de ses 126 colonnes, dont 44 sont entièrement détachées. Plusieurs de celles qui sont engagées dans
les murs du chœur rendent un son assez semblable à celui
d'une cloche, ce qui les fait appeler piliers sonnants.
Toutes les colonnes sont couronnées de chapiteaux de feuillages aussi variés de formes que parfaits d'exécution. Une
guirlande profondément fouillée court dans tout l'intérieur
de l'édifice au-dessous de la galerie supérieure, qui est à
jour dans le transept et autour du chœur. C'est dans le
transept qu'il faut se placer pour jouir du plus beau coup

d'œil de cette magnifique cathédrale et de l'effet des éblouissantes couleurs de ses rosaces. Il est bien regrettable que
toutes ces belles fenêtres soient dépouillées de leurs vitraux
et que la surabondance de lumière remplace l'heureux effet
du demi-jour, de la mystérieuse obscurité qui convient à
la maison de la prière et au sanctuaire de la divinité. Malgré ce defaut, les grandioses dimensions du monument,
l'élévation des voûtes, l'élégance des colonnes, la hardiesse
des arcades, la beauté des chapelles, la délicatesse de
toutes les sculptures; en un mot, l'unité du style, l'heureux
accord des proportions, la richesse et l'harmonie des détails
donnent à ce splendide édifice une perfection, une supériorité qui le rend digne, ainsi que le chœur de Beauvais,
d'avoir servi de modèle à la cathédrale de Cologne.

Les précieuses boiseries du chœur, qui n'ont de rivales
que dans les métropoles d'Auch et d'Albi, sont ornées de
dais, de trèfles, de pinacles, de statues et de groupes représentant de nombreuses scènes de l'ancien et du nouveau
Testament. La teinte d'ébène que le temps a donnée au bois,
ajoute encore à l'effet de ces merveilleuses sculptures. Sur
la clôture extérieure du chœur, une double série de grands
médaillons en pierre reproduit avec une délicatesse remarquable de ciseau les principaux faits de la vie de St-Firmin.
On admire aussi derrière le chœur un enfant assis auprès
d'un tombeau, célèbre sous le nom de génie ou d'enfant
pleureur : ce marbre pleure si bien et sa douleur est si vraie,
qu'on est tenté d'aller le consoler. Il ne faut pas toutefois
chercher dans nos églises de France, même dans nos monuments les plus somptueux, cette profusion de sculptures et
de tableaux que nous avons admirée dans les temples belges. Au contraire, nos belles cathédrales surpassent généralement celles de Belgique par la pureté des formes, par
les somptueux ornements du portail, par le nombre et la
richesse des tourelles, des colonnes et des rosaces.

On a dit qu'en unissant la nef d'Amiens au chœur de
Beauvais et au portail de Reims surmonté de deux flèches
semblables à celles de Chartres ou de Strasbourg, on aurait
une cathédrale qui ne laisserait rien à désirer. Il est certain
du moins que ces monuments sont les chefs-d'œuvre de
l'architecture religieuse, en France. Mais à la suite de
ces noms glorieux nous devons citer la grandiose et sévère
basilique de Bourges, l'élégante et somptueuse cathédrale de Tours, celle d'Orléans, plusieurs églises de Paris, etc.
N'oublions pas que la Normandie est la province de France
la plus riche en monuments gothiques. Rouen montre
avec orgueil sa splendide église de St-Ouen, celle de
St-Maclou et sa magnifique cathédrale, dont la flèche en fer
va bientôt surpasser en hauteur la flèche de Strasbourg, sans
toutefois l'égaler en mérite. La ville de Caen possède plusieurs
belles églises de styles divers, dont la plus remarquable est
celle de St-Étienne. La cathédrale de Bayeux se distingue
aussi par la majesté de ses proportions et la riche coordonnance de ses trois styles d'architecture.

Je suis heureux de pouvoir inscrire au tableau d'honneur le nom de notre belle cathédrale de Coutances. Elle
n'est pas des plus vastes; mais l'unité de son style ogival,
l'harmonie de ses proportions, la distinction de ses formes,
la noblesse de ses ornements, l'élégance de ses colonnes en
faisceaux, comme celles de Cologne, l'élancement de ses
flèches et la magnificence de son dôme, lui donnent incontestablement, dit l'Auteur des Cathédrales, un rang honorable entre les plus merveilleuses productions de l'art
chrétien du moyen-âge. Ce savant archéologue m'a dit à
moi-même que la cathédrale de Coutances occupe à ses
yeux la sixième place parmi les monuments religieux de la
France.

TABLEAU COMPARATIF

Des dimensions connues des principaux monuments religieux d'Italie, de France, de Belgique et des Provinces Rhénanes.

NOMS DES MONUMENTS.	Longueur totale.	Largeur intérieure.	Largeur à l'extérieur du transept.	Hauteur sous voûte.	Hauteur des coupoles, tours ou flèches.
	mètres.	mètres.	mètres.	mètres.	mètres.
St-Pierre de Rome........	185	90	135	60	139
Cathédrale de Cologne	165	50	90	50	165
Id. de Milan	148	57	87	46	109
Id. de Florence....	148	55	90	45	91
Id. de Reims......	148	31	50	38	83
St-Ouen de Rouen	148	»	»	35	80
Cathédrale de Spire.......	147	59	70	40	75
Id. de Tournai....	147	40	65	33	60
Id. d'Amiens......	138	46	70	44	130
Id. de Bordeaux...	137	18	45	27	75
Id. de Rouen......	136	32	67	28	145
Notre-Dame de Paris......	133	45	51	35	68
Cathédrale d'Orléans......	130	29	55	33	81
Id. de Chartres....	129	33	63	34	122
Id. de Metz.......	124	31	50	44	121
Id. de Troyes	120	48	»	»	»
St-Étienne de Caen.......	120	»	»	32	»
Cathédrale de Mayence....	119	32	50	38	75
Id. d'Anvers......	117	50	65	40	123
Id. de Bourges	116	41	»	38	»
Id. de Strasbourg..	115	28	43	31	142
St-Bavon de Gand........	112	34	54	39	85
Cathédrale de Malines.....	110	30	51	30	98
Ste-Waudru de Mons......	109	36	58	25	»
Cathédrale d'Auch........	106	23	»	27	»
Id. de Bayeux. ...	102	30	38	23	77
Notre-Dame de Bruges	100	33	»	30	115
Ste-Gudule de Bruxelles...	100	34	»	39	70
Cathédrale de Coutances ..	97	34	50	22	75
Id. de Tours......	97	30	46	28	70
Id. de Toul.......	80	»	»	36	76
Chœur de Beauvais	63	42	59	48	»
Cathédrale de Lyon.......	60	27	»	33	50
St-Marc de Venise........	»	»	»	»	99
Ste-Geneviève de Paris....	»	»	»	»	79

Cherbourg, imp. BEDELFONTAINE ET SYFFERT, rue Napoléon, 1.